MBA

日経BP実戦MBA 5
MANAGERIAL ACCOUNTING

Balanced Scorecard CFROA Controllable Cost Controller Cost Driver EBITDA EVA
Goal Congruence KPI Operating Leverage Relevant Range Turnover Virtual Close

MBA管理会計

D&Mホールディングス CFO
本多慶行 著
Honda Yoshiyuki

日経BP社

プロローグ

　管理会計は経営管理を目的とする会計である。ある時代背景の中で、100の会社があれば100通りの経営が存在し、100通りの経営管理、管理会計が存在する。
　1992年、私が米国でペプシコに入社したとき、米国経済はまだ不景気を引きずっていた。ペプシコの飲料部門であるペプシコーラ北米事業会社はリストラの最中だった。当時、永遠のライバルであるコカコーラが米国外で全体の利益の80％を生み出していたのに対し、ペプシコーラはちょうどその逆で、米国以外の利益は全体の20％に過ぎなかった。ところが、米国内でのビジネスが厳しくなってきたため、海外事業に注力するようになった。
　ペプシコの管理会計の特徴は、地域別の損益計算書を連結させたものである。米国内を含め全世界のビジネスを地域別の損益計算書に分割し、それぞれの地域に損益責任を持たせた。損益責任を持った地域のゼネラルマネジャー（GM）は、さらにその責任地域内で販売チャネルごとに損益を分割し、その責任者に損益責任を持たせた。ペプシコ全体の損益計算書は末端まで数えると、おそらく100以上の損益計算書の集合体になっていた。従って財務の責任者であるCFOも100人以上いた。
　損益責任の集合の単位をエリア、さらにエリアの集合体をディビジョンとして損益責任を持たせることでリスクヘッジを計り、ペプシコーラ全体の利益を確保しようとした。
　当時、ペプシコは三つの事業を持っていた。ペプシコーラの飲料事業、ケンタッキーフライドチキン、ピザハット等のレストラン事業、フリトレイに代表されるスナックフード事業である。ペプシコーラの飲料事業と同様にレストラン事業、スナックフード事業もそ

れぞれ世界を地域別に分けて利益目標を持っていた。つまりペプシコの連結損益計算書は、数え切れないほどの地域別、事業別の損益計算書の集合体だった。いわゆる連結経営である。

　私がペプシコーラの日本法人に転じた1994年から1998年は、事業再編に追われた。いま日本市場で他社がやっているボトラーの統廃合などを手掛け、市場の成長性とシェアを計算して日本市場での自社展開に将来性なしと判断した米国本社が撤退を決めると、サントリーへの営業譲渡に携わった。

　その後、1998年2月にネットワーク機器メーカーの世界最大手、シスコシステムズ日本法人にファイナンス部門の責任者として入社した。シスコは歴史上最も急成長をした会社である。IT革命を追い風に大きく飛躍した企業の代表格だ。当時、シスコの世界全体の売上高は、ちょうどペプシコの飲料事業部門（ペプシコーラ）の世界売上高と同じぐらいだった。

　ペプシコの損益計算書が地域別、事業別の損益計算書の集合体であるのに対し、シスコは世界をたった一つの損益計算書で経営管理していた。つまりCFOはアメリカ本社に1人いるだけだ。これは、いわゆる財務会計上の連結決算の話ではなく、管理会計上の損益計算書の話である。

　シスコはネットワークを経営管理に活用することで生産性を大きく高めることに成功した。管理会計にもネットワークをフルに活用して、従来の連結経営から脱却して、世界ベースでひとつの損益計算書だけで経営管理することが可能になった。経営上必要な情報を適時提供することを管理会計の役割として位置付け、月次、4半期、年次の決算も一日足らずで完了する。これは最も進んだ管理会計の手法で、バーチャルクローズ（Virtual Close）と呼ばれている。

　2002年、私はシスコを辞め、東証二部上場のディーアンドエムホールディング（以下D&M）のCFOに就任した。私にとっては、はじめての日本企業である。D&Mは旧日本コロムビアからハード部門だけ分離したデノンと日本マランツという高級オーディオメーカー2社の完全持ち株会社で、米国の投資ファンドである

リップルウッドが株式の過半数を所有している。リップルウッドは、「ビルド・アップ」という手法を駆使して独自のビジョンに沿った新しい企業を作り上げるビジネスを展開している。すでにマッキントッシュという米国のオーディオ・メーカーを新たに加え、さらにシリコンバレーのハイテク企業ソニックブルーの３つの事業のうち２つの事業を入札で買収し、研究開発部門を強化した。私はＣＦＯとして事業の統合を進め、管理会計のレベルアップや投資家へのＩＲ活動を担当している。

　本書は成熟した世界企業のペプシコ、急拡大した新興勢力のシスコシステムズ、最先端の投資手法「ビルド・アップ」でどんどん企業の姿が変わっていくＤ＆Ｍでの私の経験を基にして書かれた体験的ＣＦＯ（最高財務責任者）論であり、体験的管理会計論である。学者ではない私が管理会計について書く以上、通常の管理会計のテキストとは趣の違う本にしたいと思い、本書では大きく二部構成をとった。

　第１部では、私が現在勤務しているＤ＆Ｍ、過去に勤務したペプシコ、シスコシステムズでの経験を紹介する。この部分は、いわば管理会計の応用編として読んでいただきたい。そこでは管理会計が前面に出てこない。管理会計は原価計算に代表されるように技術的に捉えれば、どこの会社でも汎用技術として採用できる側面がある。

　他方、管理会計の体系と基礎知識を身に付け、最新の手法を学ぶことで、一つとして同じでない企業経営に有効な管理会計の在り方を考え、自分なりの処方箋を出すことができるようになるはずだ。財務会計と違い、管理会計を実務の現場で応用する場合には、かなりの自由度がある。

　第２部では、広範な管理会計のスコープを絞りながら、基礎理論を実務家として解説した。極力実務に即して分かりやすく説明したつもりである。実務経験がない方は、まず第２部からお読みになり、第１部に読み移った方が読みやすいのではないかと思う。

　現在、日本経済は、かつて経験したことのない深刻な状況を迎えている。日本を代表する企業で賃下げが話題になっているのは、経

済が右肩上がりであった時代からは考えられないことだ。企業も小手先の変更ではなく、企業のあり方自体に大きな改革を要求される時代になってきた。

　日本の企業はどのように変わらなければならないのだろうか。その方向性を考える際に、ひとつの視点を与えてくれるのが管理会計である。

　管理会計を担うのはCFOとはいっても、それぞれの企業でその期待される役割は異なる。米国東部のエリートが集うペプシコではCFOはCEOの右腕であり、シスコでは、また違った役割が期待された。ネットワーク、ITのパワーをファイナンス部門の仕事に活用するeファイナンスの実現である。

　規模、業態、置かれたマーケットのあり方によって、企業の改革の方向性は違ってくる。しかし、管理会計的視点によって、物事がすっきり見えてくるはずだ。最新の管理会計を体験編、理論編で解説した本書が、企業再生に役立つなら、著者として望外の喜びである。

目次

プロローグ　*1*

第1部　管理会計の現場　*11*

第一章　ビルド・アップ——Ｄ＆Ｍの挑戦　*12*
1. リップルウッドの手法　*12*
   （コラム）会計でも顕著なアメリカ「帝国主義」
2. 退出プラン　*20*
3. 株価を引き上げる　*21*
   株主主権
   グローバル化
   ITの活用
   学習する組織
4. 管理会計の方向性　*24*

第二章　連結経営——ペプシコのケース　*28*
1. 損益責任の細分化　*28*
   （コラム）米国会計事務所のリストラ
2. CFOはCEOの右腕　*33*
3. チェンジ・エージェントとしての役割　*34*
   （コラム）米国企業改革法
4. ライト・サイド・アップ・カンパニー　*39*

第三章　グローバル経営——シスコシステムズのケース　*42*
1. 未来系ビジネス　*42*
   （コラム）シスコの新世界ワークプレース

　　　　　　2．徹底したネットワーク・ITの活用　*48*
　　　　　　　（コラム）シスコの組織設計
　　　　　　3．ファイナンス部門への期待　*52*

第 四 章 | **シスコシステムズのバーチャルクローズ**　*54*
　　　　　　1．バーチャルクローズ誕生の背景　*54*
　　　　　　2．実現までの長い年月　*55*
　　　　　　3．バーチャルクローズの構築　*56*
　　　　　　　経営トップのコミットメント
　　　　　　　ネットワーク、システムアーキテクチャー
　　　　　　　ビジネス・プロセス・リエンジニアリング（BPR）
　　　　　　　シスコのBPR
　　　　　　　IT部門との連携
　　　　　　　ウェブツール
　　　　　　　改善に向けたレビュープロセス
　　　　　　4．決算業務の効率を測定する指標　*66*
　　　　　　5．バーチャルクローズのインパクト　*67*

第2部　基礎理論　*69*

第 五 章 | **管理会計とファイナンス部門の役割**　*70*
　　　　　　1．管理会計と財務会計　*70*
　　　　　　　財務会計、管理会計の特徴
　　　　　　　専門化した会計領域への取り組み方
　　　　　　2．ファイナンス部門の役割　*74*
　　　　　　　経営環境により変わるファイナンス部門の役割
　　　　　　　普遍的なファイナンス部門の役割
　　　　　　　コントローラー、トレジャラーの役割分担
　　　　　　　ファイナンス部門の組織

第六章 意思決定に役立つ管理会計の基礎理論 *80*

1. 原価の性質、損益分岐点分析 *80*
   コストドライバー、変動費、固定費
   採算の分かれ目—損益分岐点分析
   会社の費用構造
   オペレーティングレバレッジ
   特別注文—スペシャルセールスオーダー
   新製品の投入、既存製品の販売中止
   価格決定
2. 意思決定への活用—差額原価収益分析 *96*
   関連情報と非関連情報
   差額原価、差額収益、機会費用
   回避可能原価
   新しい機械の購入
   財務会計が意思決定に及ぼす影響

第七章 経営管理に役立つ管理会計の基礎理論 *104*

1. 予算管理 *104*
   予算の意義
   予算の種類
   総合予算の構成要素
   総合予算の設定手順
2. 経営管理システム *110*
   経営管理システムの目的
   経営管理システムの設計
3. 移転価格の検討 *115*
   コストベースの移転価格
   市場価格ベースの移転価格
   複数必要になる移転価格

第八章 | 社内収益性分析　*118*
　　　　1. ROA（総資産利益率）　*118*
　　　　2. 利益率の展開　*120*

第九章 | 管理会計の最新手法　*124*
　　　　1. バランストスコアカード　*124*
　　　　　　情報化の時代に適合した経営管理システム
　　　　　　戦略を具体的な目標と測定指標に
　　　　　　バランスのとれた経営管理システム
　　　　　　財務からの視点
　　　　　　顧客の視点
　　　　　　内部ビジネスプロセスの視点
　　　　　　人材育成の視点
　　　　　　「横の広がり」と「縦の展開」
　　　　2. 活動基準原価計算（Activity Based Costing）　*134*
　　　　　　原価の計算
　　　　　　伝統的な原価計算からABCへ
　　　　　　ABMへの展開
　　　　　　バランストスコアカードとの相性
　　　　3. EVA（Economic Value Added）　*139*
　　　　　　株主主権の台頭
　　　　　　投資家にとって魅力のある会社
　　　　　　資本コストの算定
　　　　　　経営者の高いハードル

　　付録　管理会計用語集　*148*
　　エピローグ　*172*

第1部　管理会計の現場

第一章　ビルド・アップ──Ｄ＆Ｍの挑戦
第二章　連結経営──ペプシコのケース
第三章　グローバル経営──シスコシステムズのケース
第四章　シスコシステムズのバーチャルクローズ

第一章 ビルド・アップ ——D&Mの挑戦

1. リップルウッドの手法

　デノンと日本マランツの完全持ち株会社として2002年5月にディーアンドエムホールディング（以下D&M）が誕生した。新生銀行、宮崎シーガイヤへの投資ファンドとして有名なリップルウッドがD&Mの過半数の株式を所有している。D&Mは現在、東証二部に上場している。

　デノンは2001年9月に日本コロムビアから分社し、日本マランツは2001年5月にフィリップスからマランツブランド、マランツ事業のアメリカ、ヨーロッパでの営業権を買収して経営の独立を目指した。デノンは創業90年以上の歴史を持つ日立グループの会社であり、旧社名のデンオンを知っている人も多いと思う。日本マランツは、歴史的変遷を経て2001年5月までフィリップスがその株式の51％を所有する子会社になっていたのだが、50年前にスタンダード無線工業株式会社として創業している。両社とも日本生まれの企業である。

　D&Mは2003年4月に米国のオーディオメーカー、マッキントッシュの買収に成功し、同社はデノン、マランツの兄弟会社としてD&Mグループに加わった。マッキントッシュは60年の歴史をもつ

会社である。デノン、マランツ、マッキントッシュという高級オーディオブランドを揃えたD&Mは、これから先もM&Aの手法によって新しいブランドを加えて姿を変えていくだろう。ティム・コリンズが率いるリップルウッドの投資銀行家が生み出した「ビルド・アップ」と呼ばれる手法がこれである。

高級オーディオ市場は成熟した市場である。1セット数百万円といった高額商品にも根強い需要はあるものの、個々のメーカーが規模を拡大し、高い収益性を挙げるという環境にはない。ブランド間の競争も厳しく、経営に問題を抱えているところが多い。いわゆる規模の経済が単独企業では実現できない市場なのだ。こうした成長に限界が見えている市場で企業が存続していくためには、どうしたらいいのだろうか。これは経済が成熟化した日本市場を基盤とする多くの企業が直面する問題でもある。

リップルウッドは米国でこうした問題を解決する方法として「ビルド・アップ」という手法を開発した（図1－1参照）。この手法

図1－1　ビルド・アップの概念図

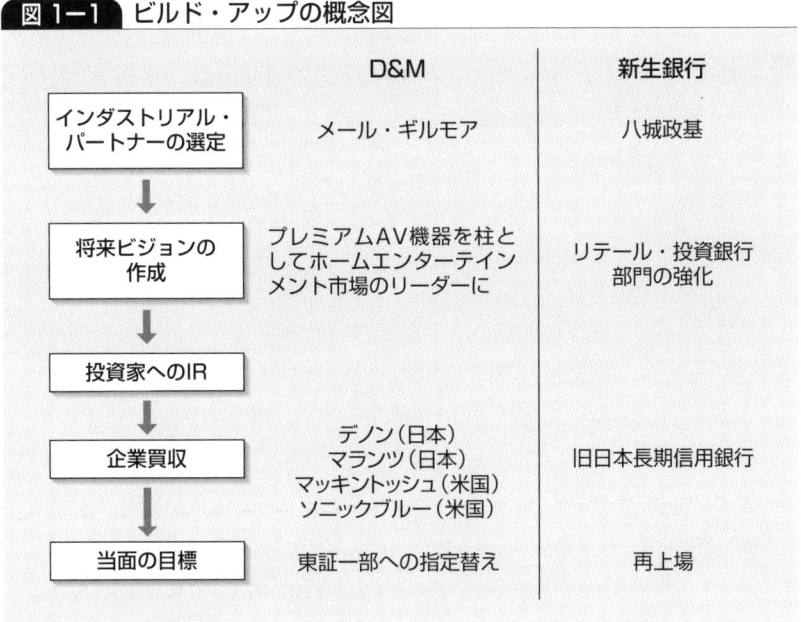

の前提は二つある。まず、その産業分野で事業の流動化が進んでいること、さらにまったく新しい将来ビジョンを描く人がいることである。

　インダストリアル・パートナーと呼んでいる業界のエキスパートと手を組み、その人が描いた将来ビジョンに基づいて投資対象企業を選定し、買収する。投資の成否はインダストリアル・パートナーに「正しい人」（ライト・パーソン）を選ぶことができるかどうかにかかっている。リップルウッドが旧日本長期信用銀行の買収に乗り出した際はシティバンクの日本法人のトップだった八城政基氏をパートナーとし、新生銀行のトップに迎えている。

　インダストリアル・パートナーは業界に精通しているというだけでなく、豊富な人脈を持ち、国際的な視野を持っていることが条件となる。ビジョンに基づいた企業買収の対象は世界が相手だからだ。元IBM会長のガースナー氏が最近、プライベート・エクイティ・ファンドのパートナーになったが、彼の役割もインダストリアル・パートナーだ。

　リップルウッドは、その人脈をフルに使って三菱商事のトップだった槙原稔氏やボルカー・元連邦準備制度理事会議長らに日本にはないタイプの新しい銀行を作り上げるプランに協力してもらっている。また、リップルウッドの日本のメンバーは、ハーバードのMBAが多く、その頭脳もさることながら、その精力的な働きは目をみはるほどだ。

　Ｄ＆Ｍプロジェクトのインダストリアル・パートナーは日本人ではない。モトローラのテレコム部門のトップだったメール・ギルモア氏であり、Ｄ＆Ｍでは非常勤ながら会長に就任している。

　ギルモア会長が描くＤ＆Ｍの将来ビジョンは、プレミアムAV機器を柱としてホームエンターテインメント市場のリーダーを目指すことだ。デジタルホームネットワーク環境に対応した製品開発を進めていく。デジタルホームネットワークとは、定着しつつある企業内LANの家庭版と考えれば分かりやすい。企業内ネットワークとの違いは、ネットワーク上で機能する機器が多岐にわたることだ。

電話、テレビ、オーディオ機器もコンピュータ化し、メディアサーバーが存在するようになる。画像の吐き出し口としてのパネル（フラットなプラズマ・ディスプレイ・パネルをイメージしてほしい）と、スピーカーさえあればどの部屋にいてもサーバーを通してDVDを見たり、CDも楽しめる。テレビ番組もサーバーに録画して、いつでもどの部屋でも同時に観ることができる、という環境である。
　ホーム・ネットワークは技術的にはすでに可能になりつつあるが、定着するのは3、4年先になるかもしれない。デノン、マランツ、マッキントッシュの深みのあるアナログオーディオもまだ可能性の残った世界であるが、同時にデジタルホームネットワーク・エンターテインメントを実現するベースとしてデノンとマランツを買収したわけだ。買収という手法をとってシナジー効果が見込まれる会社を幾つか統合し、時代の環境、要請に合った会社を新たに創造するというこの手法は、日本の産業再生、企業再生でも十分使える。
　D&Mは現在、3つのプレミアムAVブランドを抱えているが、単独では規模の経済を実現できない。そこで、プレミアムAVブランドを今後も買収していくことになる。同時に、単一のオペレーション、すなわち、工場の共有、購買、物流、アフターサービスのインフラ、人事、経理等の管理部門、そしてネットワークを含めて情報システムの統合を行い、グループ会社のシナジー効果を出していく。それによって、規模の経済の実現を図り、相互に重複している部分を統合して効率を図るだけでなくコスト削減も目指す。
　デノン、マランツ、マッキントッシュというそれぞれのブランドを維持するため、製品の企画開発、マーケティング、販売機能はそれぞれの会社に残す。つまり、経費削減と同時に管理機能を統合することによって、それぞれのブランドが得意分野により力を注ぐことができるような環境を整えるのだ。ホーム・ネットワークが普及するまでに、単一のオペレーションを実現し、財務基盤を強固なものにする必要がある。
　買収によってグループに組み入れていく企業はプレミアムAVブ

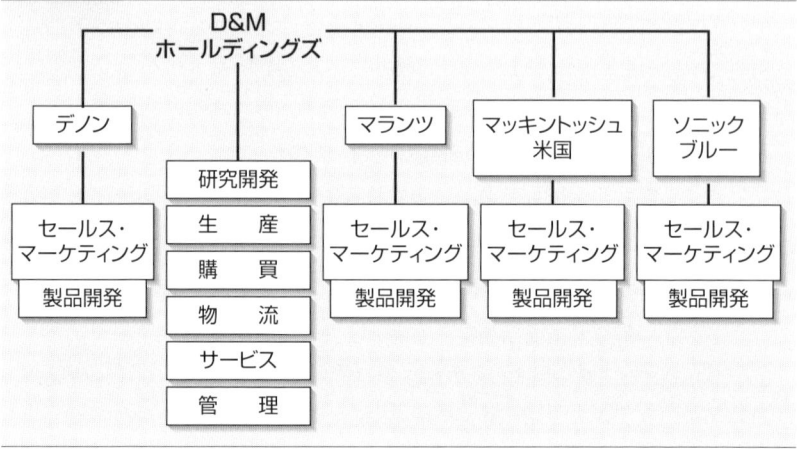

図1-2 D&Mの組織図

ランドだけでない。ホームネットワークの製品化のためにはIT関係のベンチャー企業の買収も重要だ。その第一弾として2003年4月、シリコンバレーの企業で倒産したAVメーカー、ソニックブルーの2つの事業を入札で買収した。

　ソニックブルーを買収したのは、テレビ番組をデジタルデータで記録するハードディスクレコーダー事業、そして、その機能をより魅力的に活用するサービスの提供と、パソコンなどから内臓メモリーに音楽データを取り込んで再生するメモリーオーディオ事業の可能性を買ったからだ。外付けのデジタル装置を使って、ビデオ以上に自由にテレビ番組を再生する技術はホームネットワークの中核技術になる可能性がある。

　D＆Mはソニックブルーを直接抱えるのではなく、米国子会社デジタルネットワーク・ノースアメリカ（DNNA）を設立して、その事業部門とする。計画ではハイテク企業をさらに買収してDNNAを強化し、研究開発拠点として活用する予定。こうした企業を傘下に持つことによって、D＆Mは大きな可能性を秘めたグローバル企業に生まれ変わりつつある。

　日本と米国、成熟産業とハイテクといった違うカルチャーの企業

をどうまとめていくかは大きな課題だ。たとえば、給与・報酬体系の違いをどうするかだ。私の部下となる米国の担当者からメールがきた。「買収したシリコンバレーの企業は、ボーナスが青天井になっている。どう統一するか」という内容だった。私は、必ずしも統一する必要はない、と答えた。

　米国の場合、どういう社員にどういう動き方をしてほしいかを決めるのが給与体系である。その人のビヘイビアを変える道具と考える。生活保障と考える日本とは大きな違いである。ハイテク企業のボーナスを日本のAV企業の体系にあわせても意味がないし、ボーナスの機能を果たせない。今回も含めた企業買収によって、米国人の従業員がますます増えていくが、無理にすべてを同じにする必要はない。

第一章　ビルド・アップ──D&Mの挑戦

column

会計でも顕著なアメリカ「帝国主義」

　ディーアンドエムは日本の企業である。だから、監査報告書には「日本の会計基準に基づいて作成された」と書いてある。ところが、海外子会社については、現地の会計基準に従っていても、その子会社を日本で連結している場合、その連結財務諸表を日本基準として受け入れている。米国子会社なら米国のGAAP、ドイツの子会社ならドイツのGAAPに基づいて作成されるたものを受け入れているのだ。

　他方、米国企業の場合、その海外子会社はすべて米国のGAAPで統一されることを義務付けられている。ローカルな日本のGAAPと違って、米国のGAAPは日本人会計士を含め各国の会計士に共有されている。そのため、こうした米国の「会計帝国主義」も、さして支障はない。

　ところが、場合によっては支障が起きることもある。ディーアンドエムは、AVメーカーのマッキントッシュ、シリコンバレーのソニックブルーを相次いで買収したが、in process R&D(IPRD)を巡って問題が起きた。IPRDとは仕掛中の研究開発費である。

　米国のGAAPでは、企業を買収した際、IPRDを資産計上して買収後、一括償却する。特にソフト会社などはそうだ。だから、買収後の損益を左右する要因となる。しかし、日本基準ではIPRDを認識することはない。結果的にIPRDは連結調整勘定に計上にされ、最長20年償却となり、買収後の損益への圧迫は少ない。

　ディーアンドエムの米国のメンバーは、日本の上場会社なのだから監査法人に「日本基準を使いたい」と申し出た。米国では、米国流の「会計帝国主義」があるので、自然な発想である。ところが、監査法人の答えは米国基準に従え、というものだった。驚いたのは

米国のメンバーのほうで、「なぜ日本の公開会社なのに米国基準に従わなければならないのか」と疑問を呈したのだった。各国の異なる会計基準を適用した連結財務諸表がなぜ日本基準になるのか、という真っ当な疑問だった。

　エンロン、ワールドコム事件など会計不祥事もあって米国のGAAPには批判もでてきた。そのクック・ブック・スタイル（料理本のスタイル）といわれる細かい規則は、逆に裏をかかれやすいという指摘もある。しかし、米国基準が理論的には一番進んでいるのは事実で、将来はディーアンドエムも米国基準を採用することになるだろう。米国の「会計帝国主義」の実力のほどを知っているからだ。

2. 退出プラン

　リップルウッドはＤ＆Ｍの大株主である。現在、経営陣の補強が行われ、実績のあるビジネスマンがコンサルタントとしてリップルウッドから紹介される。ファイナンスの領域では現在資金効率を上げるため、グローバル・キャッシュ・マネジメントを導入する。リップルウッドの英国での投資先に籍を置く財務専門家を紹介してもらい、彼にプロジェクト・マネジメントを依頼している。大手コンサルティング会社に依頼するよりもコストを抑えながら、確実に成果が出せる。

　Ｄ＆Ｍは２００３年３月に約３０億円の増資を行った。その際、引き受け会社として国際的な大手証券会社に全面的にサポートしてもらった。国際的な大手証券会社が全面的にサポートしてくれる背景には口には出さないが、リップルウッドの存在が大きい。きちんと仕事をしてリップルウッドの信頼を得ることで、今後もＤ＆Ｍ以外に大きなビジネスチャンスが見込まれるからである。

　リップルウッドは奉仕団体ではないし、そこで働くのはインベストメント・バンカーであり、投資のプロである。彼らは今後どうやってＤ＆Ｍへの投資から成果を上げ、最終的にどう投資を引き揚げるのだろうか。２００３年３月の新株発行増資でリップルウッドは持ち株を放出し、持ち株比率は６９％から５２％に下がった。その背景を説明することで、今後のリップルウッドの退出プラン（exit plan）を垣間見ることができる。

　Ｄ＆Ｍの株式は流動株数が極めて少ないため売買高が少なく、わずかな売買でも大きく株価が変動する。また、上位１０株主の持ち株比率が８８％に上り、東証二部の上場維持基準の８０％をオーバーしていた。だから、２００３年３月末までに８０％以下に抑える必要があった。さらに、Ｄ＆Ｍは２００４年に東証一部への指定替えを目指している。それを実現するには上位１０株主の持ち株比率を７０％以下に抑える必要がある。そのため、新株を発行することになった。

すべて新株発行で対応すると１株当たりの利益の希薄化が大きくなりすぎるため、リップルウッドと日立に持ち株放出を依頼した。募集売出しの成功によって、上位１０株主（少数特定株主）の持ち株比率は７０％以下になった。東証一部指定替えの実現に向けて一歩踏み出すとともに、株式の流動性が高まり、幅広い層に株式を保有してもらうことが可能になった。

　会社の業績を上げても、株式売買高が増えないと株価は上昇しない。東証一部への指定替えをすることで、Ｄ＆Ｍに対する認知度が上がり、売買出来高が増加することを見込んでいる。今後もＭ＆Ａを目的とした増資の可能性はある。そうなれば、リップルウッドの持ち株比率はさらに下がる。

　リップルウッドは会社の業績を上げ、ＩＲ活動を確実に行い、株式の流動性を増すことで、株価が上昇することを期待している。今後３〜５年のうちに、リップルウッドは徐々に株式を売却していき、キャピタルゲインを得て最終的には退出することになるだろう。

3. 株価を引き上げる

　以上のことを実現するためには幾つかのテーマを重視しなければならない。その大きな柱として、株主主権、グローバル化、ＩＴの活用、学習する組織の４つのテーマについて簡単に説明しよう。

・株主主権の重視

　「会社は誰のために存在するのか」は古くて新しい問題である。最近ステークホルダー（利害関係者）主権という言葉がはやっている。会社の存在は、会社をとりまくいろいろな人のためと言えばその通りである。従来の日本では、どちらかといえば会社は従業員を含めた利害関係者のためのものという考え方が有力だった。単純に会社は株主のためにある、従業員のためにあるとだけは言い切れないのが現実である。

　Ｄ＆Ｍはリップルウッドに株式の過半数を所有されている。ということは、その背後にいるファンドの投資家の厳しい目を無視し

て会社経営を行うことはできない。会社の業績を改善し軌道に載せることによって、それらの投資家たちにお返しをしなければならない。そのために、キャッシュフローを重視して財務基盤を固める必要がある。

　上場企業である限り、株主の目を無視して企業活動を行うことは許されないが、Ｄ＆Ｍの場合は特に厳しく株主主権が求められる。会社の収益性と株価を上げることで、株主に利益を還元することが目的となる。

　会社は人の集合体である。人の集合体である以上、特に意識しなくても自分に居心地の良い会社にしようとする傾向がある。そこそこの利益を上げていれば、痛みを伴う組織変更を敢えてすることはないし、新しいホーム・ネットワーク分野に挑戦することもない。敢えて組織を改変し、新分野に参入することに会社を駆り立てるのは、株主を明確に意識するからだ。

・グローバル化

　現在、Ｄ＆Ｍの売上高は１０００億円に満たない。地理的には北米、ヨーロッパ、日本でそれぞれ全体の３０％ずつ、日本以外のアジアで１０％の売上を上げている。輸出の比重の高い会社である。しかし、従来は日本と日本人に偏りがちな経営になりがちだった。今後もマッキントッシュ、ソニックブルーのような海外の企業がグループに入ってくる。したがって、単に売上高だけでなく会社経営もグローバルになっていく必要がある。逆に言えば、そうならないと、グループに入ってくる会社も限られ、ビジョンの実現が難しくなる。

　Ｄ＆ＭのＣＥＯ（最高経営責任者）、ＣＯＯ（最高執行責任者）、ＣＴＯ（最高技術責任者）は経験豊かな日本人で占められている。会長はリップル・ウッドのインダストリアル・パートナーであるモトローラ出身のギルモア氏で、取締役会の議長を務めている。

　日本人だけで経営統合を実現しようとすると、企業間の綱引き、遠慮が交錯して遅々として進まない恐れがあるが、彼が経営に参加

しているおかげで、意思決定でしがらみにとらわれないグローバルな視点で物事を決めることができるようになっている。

ギルモア会長は日産のカルロス・ゴーン社長のように日本に常駐してはいないが、必要があれば3週間に4回も日本まで飛んでくるエネルギッシュな経営者である。ギルモア会長の人脈、リップルウッドの人脈で、有能な人がアドバイス役になっている。

新米CFOの私の場合も、アメリカの多国籍企業でCFOを経験したジャック・リュー氏がアドバイスしてくれる。Ｄ＆Ｍの市場は、北米、ヨーロッパ、日本を含めたアジアにほぼ均等に分散している。これから買収が進むにつれて、総社員数に占める日本人の割合は下がっていく。株主もリップルウッドに代表される外国人投資家が多い。その現実を踏まえた会社経営が求められる。

取締役は社外取締役を含めて非日本人が過半数になっている。当然、英語で議事が進行する。日本人には厳しい環境だが、市場構成、従業員構成、株主構成を考えれば、むしろ自然だろう。海外駐在員も、日本の会社だから日本人が最高管理職につくという従来のあり方が変わるだろう。その職務にふさわしい人がポジションにつく。それがたまたま日本人であるかもしれない。同時にグローバルな環境である以上、人材開発が大切になる。海外駐在、開発教育を通して人材を育てる必要がある。

・ITの活用

最近、ITバブルの崩壊と言われている。しかし私は、ITブームの揺り戻しで株価が下落したにすぎないと思っている。過去10年で米国の大企業は間違いなくITの活用で生産性が上昇した。後述するシスコシステムズのようなITを戦略ツールと位置付ける未来系の会社が誕生した。

Ｄ＆Ｍの場合は、戦略ツールとはいかないまでも、IT活用で間違いなく生産性を大きく引き上げることができるし、ネットワークを通じて標準的なシステム・インフラを整備していくことで、ディーアンドエムのグループ企業は今後共通のソフトウエアを利用する

ことが可能になる。そこにシナジー効果が生まれる。今後、新たな会社を買収したときもスムーズに融合していくことができる。

　IT化の実態を一言で言えば効率化だ。個々のスタッフ、マネジャーを問わず、会社で日常業務を行っていると、本来の業務以外にさまざまな業務が付随しているはずである。例えば旅費の精算、接待費の精算から始まって、マネジャーレベルで言えば人事評価も必要とされる。これらは必要な仕事だが、その人の本来の仕事である販売や企画開発などの活動を圧迫する。それらをITを導入することによって効率化すれば、その人の本来の仕事に特化でき、それによって確実に会社の利益は上がる。無駄を省くことによるコスト削減効果で利益が上がるだけでなく、生産性向上につながる。

・学習する組織

　ソニーや花王のように、学習する組織風土はこれからの企業には不可欠である。デノンもマランツも多くの日本の会社がそうであるように、節約が身についていて、土日を惜しまず働く人達が大勢いる。しかし、日本企業に多いハードワークだけでは、この変化の激しい時代には不十分だ。

　そこに常に新しいことを学び、取り入れていく習慣が身につけばさらに飛躍できるはずだ。時間をかけてゆっくりと変革することが許される状況にないため、人材面で外部から新しい人材を登用して、社内に刺激を与え、活性化していくことが求められている。同時に、社内の人材開発は今後の飛躍のための大きな課題になる。

4. 管理会計の方向性

　この本の主題である管理会計の方向性も、以上の4つのテーマとの関連で決まってくる。D&Mの変革は始まったばかりだが、現時点では以下のようなことを考えている。

・IRの重視

　先進国の中でも格段に間接金融の比重が高かった日本企業だが、

ようやく変化が訪れようとしている。銀行からの借り入れでなく、資本市場から直接資金を調達する比重が増えている。今までのように融資を受けている銀行から出向を受ける形で社内情報を銀行に公開し、外部には最小限の情報公開をするという慣行も変わってきた。株主、投資家、投資家に情報提供するアナリストに定期的に情報公開する頻度も増えてきた。制度上も平成16年には上場会社は四半期決算の情報開示を義務付けられる。今後、いかに継続的に有用な情報提供をしていくかを競うことになる。それはそのまま株価の動向を左右する。

　具体的には、Ｄ＆Ｍが何をしようとしているのか、経営統合の進捗状況、財務状況などの説明資料を随時アップデートして、投資家、アナリスト向けの説明会、または個別訪問で説明する。会社のホームページでその情報を公開する。手法としてはごく当たり前だが、わかり易い説明資料を作ることだ。

・財務会計の専門化

　同様に、財務会計の専門性を追求し、決算サイクルタイムの短縮を実現する。2年後には、分析済みの連結財務諸表を決算日後3日で作成できるようにする予定だ。これを実現するには、後で紹介するシスコシステムズのバーチャルクローズが参考になる。シスコでは時差を利用して時間が米国本社より先に進んでいるアジア、ヨーロッパの決算を受けて1日で「世界連結財務諸表」を作成している。日本に本社を置くＤ＆Ｍは、理論的には2日で月次決算が可能である。とはいえ、一気にはいかないので、2年後に3日を目標に準備している。

　ちなみに、連結財務諸表では、持ち株関係、取引関係等を通じて、実質的に支配関係にある企業グループを一つの企業集団として会計上認識し、その企業集団の財政状態、経営成績、キャッシュフローを把握する。

・管理会計への注力

　経理業務はともすると財務会計に重点が置かれ、管理会計は二の次になりがちだ。これからは管理会計の主体を明確にして、財務会計と同じ比重を持たせていく必要がある。従来の経営サイクルは半年、一年だった。IT、ネットワーク、通信インフラの充実により、スピードが問われる時代を迎えている。制度上も時代の流れを受けて４半期での情報公開が求められるようになる。

　経営を支える管理会計に注力をしていく必要が生じる。予算も４半期がベースになっていく。財務会計を担当している経理スタッフが年に２度の予算設定のために、徹夜で頑張るような仕事の進め方も変わってくる。業績予想も従来、大きい変化がない限り、短信として年に２度であったものが、四半期開示では４度になる。財務会計と管理会計の一人二役は厳しい。Ｄ＆Ｍは上場会社なので、１株当たり利益、売上高営業利益率、キャッシュフロー等の財務指標で投資家の期待に応えていく必要がある。

　管理会計上、地域別、製品セグメント別の売上高総利益率、地域別の営業経費を把握して収益性向上の可能性を追求する。売掛金の回収日数、在庫回転期間の短縮でキャッシュフローの改善を図る。

・移転価格に頼った海外販売会社経営への関わり方からの脱皮

　ネットワーク、ITインフラが過去10年で大きく変わった以上、海外販売会社への関わり方も当然変わってしかるべきだ。数年前には、ファックスと時差のある国際電話でコミュニケーションをとるしか方法がなかった海外子会社も今や、Ｅメール、ボイスメール、ソフトウエアの共有等、国内の営業所に近い存在になっている。

　企業連結グループとしてより高い収益性を追求するとき、従来の移転価格に頼った販売子会社管理は見直す時期がきている。従来の移転価格による海外子会社の管理手法は、歴史的にも定着していてなかなか脱皮が難しい。一番有効な管理手法に思えるかもしれない。しかし、移転価格以外の手法を使っていないのに従来のやり方がベストな手法だと決めつけるのは無理がある。

すべてを可能な限りシンプルにすることが今後重要になってくる。日本の親会社から海外の子会社への販売は、税務上は別にして、企業グループの経営成績上は何の意味も持たない。単なる在庫の移転に過ぎない。意味を持つのは、海外販売会社がお客様に販売することなので、それを実現するために、親会社が子会社と一体となってセールス・プロモーションをする。子会社の販売価格の管理は、敢えて移転価格で間接的に示唆しなくても、現在のITインフラを活用することで、値引率を即座に把握できるし、販売活動に以前より直接的に関与できる。力を入れて売って欲しい製品についても、移転価格で間接的に示唆する必要はない。昨日、何をいくらで販売したのか把握できる時代なのだ。

・スコアカードの採用

移転価格に変わり、スコアカード、メトリクス、重要業績指標（KPI）などと呼ばれている経営指標を活用する。第2部で紹介するバランスト・スコアカードといえるような総合的なスコアカードの導入も視野に入れる。導入の目的はあくまでも経営管理の単純化にある。

情報化の時代を迎え、事業環境は大きく変わり、企業間の競争はますます激化している。顧客との関係を構築する能力、タイムリーに特定の顧客に対し、その顧客のニーズに合った画期的な製品を提供する能力、インフォメーション・テクノロジーを活用する能力等の無形の資産を適時に捕捉することは、従来の損益計算書ではできない。捕捉していなければ、なくなっても気づかないかもしれない。暗黙知と言われる無形の資産が、ある人が会社から去ることで失われるかもしれない。

デノン、マランツに存在する暗黙知を捕捉して、失うどころかさらに磨きをかけていくことで、会社はますます発展するはずだ。1例を上げれば、デノン、マランツの製品開発のノウハウはどこに在るのだろうか。40年近い経験を持つCTOと優秀なエンジニアのノウハウを測定可能な管理指標に翻訳することが急務である。

第二章 連結経営——ペプシコのケース

1. 損益責任の細分化

　ペプシコはグローバル化した大企業である。私が在籍した当時、ペプシコーラ、ピザハットなど有力企業を抱え、総従業員数は34万人を数え、世界一と言われたこともある。

　飲料ビジネスは薄利多売のビジネスで、市場は成熟している。人口、一人当たりの消費量で売上規模が決まる。だから、利益を重視する経営だった。したがって、ファイナンスとマーケティングが強く、ファイナンスの担当者が経営トップになることも多かった。

　その管理会計手法を一言で言えば、世界連結損益計算書である。世界をディビジョン、エリアなどに細分化し、そこに損益責任を負わせる。もちろん、飲料部門、レストラン部門、スナックフード部門それぞれに同様のスタイルとなっている。

　まず、世界をディビジョンに分割する。アメリカは事業規模が大きいので、東部、中西部、西部等で例えば5つに分割する。ヨーロッパはいくつかの国を束ねて全体を3つに分割し、アフリカ、中東は合わせて一つのディビジョンとする。アジアは日本は独立したディビジョンとし、その他のアジアと分けて2つのディビジョンとする。合計10のディビジョンで世界をカバーし、ディビジョ

図 2−1 ペプシコの連結損益計算書の概念図

損益計算書（P/L）

	全体	飲料部門						スナックフード部門			
		ディビジョンI			ディビジョンII						
		(エリアA)	(エリアB)	(エリアC)							
売上高	XXX	XX	XX	XX	XX	XX	XX	XX	XX	XX	XX
売上原価	XXX	XX	XX	XX	XX	XX	XX	XX	XX	XX	XX
販売費及び一般管理費	XXX	XX	XX	XX	XX	XX	XX	XX	XX	XX	XX
営業利益	XXX	XX	XX	XX	XX	XX	XX	XX	XX	XX	XX
営業外収益	XXX										
営業外費用	XXX										
経常利益	XXX										
特別損益	XXX										

ンごとに10人のゼネラルマネジャー（GM）を置いた。動向を見ながら柔軟にディビジョンを設定するので、後に中国は単独のディビジョンとなっている。

各ディビジョンはいくつかのエリアに分割され、それぞれの損益責任をゼネラル・マネジャーに持たせる。各エリア内も地域的に細分化され、販売チャネルごとに分割される。各エリア、各ディビジョンごとに収益責任が細分化されるため、会社全体として利益目標を達成する可能性がかなり高くなる。分割すればするほどリスクは減るが、極端な細分化は逆に管理の負担を増やし、高コストになるため、一定の限度はある。

全社レベルでの目標達成が目的なので、費用対効果のバランスをとる必要がある。ペプシコがニューヨーク株式市場に上場している以上、株主に定期的に情報提供し、その期待に応えていく責任がある。「年度が終わり、結果としてこうなりました」では通用しない。常に将来の見通しを明らかにしながら、結果を出していかなければならない厳しさがある。

以上は営業利益のレベルのコントロールだ。高度の専門性をもっ

て管理することが必要になる金融費用は本社レベルで財務部門が掌握し、税金も本社レベルでタックス部門が掌握する。税引き前営業利益までの損益計算書、設備投資予算を年次、4半期、月次で設定する。ディビジョンであれば本社と合意を取る。毎月、ディビジョンのファイナンス部門は本社のファイナンス部門と調整をする。

　本社のファイナンス部門では国ごとに投資判断の基準となる割引率を決めていた。政情不安な国は割引率を高く設定して、投資が容易にはできない仕組みになっていた。そして、徹底してシェアホールダーバリュー（株主価値）を追求するというのがその基本姿勢だった。

column

米国会計事務所のリストラ

　私がクーパースアンドライブランド(現プライスウォーターハウスクーパース)のシカゴ事務所に在籍したのは1985年から1992年にかけてのことだ。

　当時、アメリカ経済は低迷を抜け出せず、日本はジャパン・アズ・ナンバーワンの時代だった。いまの日本と同様、当時の米国ではさまざまな改革が行われていた。

　代表的なのが1986年租税改革法であり、これは歴史的な改革だった。主な内容は、個人関連では最高税率を50％から28％に引き下げ、税率区分を15区分から2区分に減らし、28％と15％にした。企業関連では、法人税最高税率を46％から34％に引き下げ、税率区分を5から3に減らした。他方、課税ベースを広げ、各種引当金を廃止した。税金を払っていない企業が多かったため、こうした改革となった。

　アメリカでは会計と税法が分離していて、日本とは違って確定決算主義が存在しない。世の中が複雑になってくると、会計上の決算を受けて、それに加算、減算、税務調整を加えて税務所得を決めるという確定決算主義は限界にきているという指摘もある。日本も米国と同様、税法と会計を完全分離する時期にきているのかもしれない。

　話を80年代半ばの米国に戻すと、401k導入による確定給付から確定拠出への転換、銀行倒産、Ｓ＆Ｌ問題といった金融危機が進行していた。

　私のいた会計事務所内でも20代の若い人たちがリストラされていた。とはいっても単純な首切りではない。アメリカの会計事務所では、2週間から5週間といった短いサイクルで会計士がチームを

column

　組んで監査する。事務所の30代、40代のパートナーとマネジャーは20代の若手に現場を任せる。この現場の責任者がメンバーの成績をつける。チームは毎回、入れ替わるので、個人の評価ができる。成績の下の10％が辞めていくという仕組みだったが、当時は20％がリストラされた。

　中堅会計事務所が損害賠償請求によって倒産するという時代だった。エンロンで潰れたアーサーアンダーセンより規模は小さかったが、会計事務所は訴訟との戦いにそなえてLLCという有限責任会社に形を変えたのもこの時期だった。監査のQC（品質管理）にもずいぶん気を使っていた。

　当時、日本には公認会計士が1万人に対し、アメリカでは20万人いた。会計士のメンタリティーもずいぶん違っていた。日本で会計士業務をしていると、公の責任を感じるし、また試験合格時点から社会的使命の話を聞く機会が多い。アメリカでは会計士は財務諸表の監査を行う会計監査の専門職であるという認識で、営利を目的としていることは新人にも明確だった。

2. CFOはCEOの右腕

　ペプシコではCFOの役割はCEO並みに大きい。権限を現場に委譲している結果、ゼネラル・マネジャーと財務責任者が共同で損益責任を持つ。売上が目標通りにいかないとなれば、CFOは製造原価の低減、販売費、一般管理費の削減を検討する。ゼネラル・マネジャーは売上を伸ばす方策を営業、マーケティング担当者と相談して決める。ボトムラインを二人三脚で死守する関係である。

　世界中のファイナンスの上級管理職が集まる会合に出席した私は、ペプシコーラのアメリカ本社の社長から、CFOの心得ともいえる3箇条を聞かされた。

- CEOの右腕として業績に共同責任を持つこと
- 社内の業務プロセスの変更をすることで生産性を上げるチェンジ・エージェントになること
- 適時に信頼の置ける財務情報を提供すること

　CFOのミッションがこうして明確にされるのだ。チェンジ・エージェントについては後述するが、ペプシコが経営者を育てる企業であることがこうした点にも覗える。

　ただ、米国企業の常として、例えば予算プロセスでも毎年、違った方法を使う。前年と同じなら、CFOとして評価されないからだし、業績が上昇しなければCFOは交代し、別の手法を使うからだ。なかには理屈に合わない変更もあり、戸惑うこともしばしばあった。

　ディビジョンのCEO、CFOはアメリカ本社の経営陣に対し定期的に経営報告を行っていた。BPR（ビジネス・プロセス・リエンジニアリング）の牽引役、すなわちチェンジ・エージェントとしてもCFOは期待された。IT部門の責任者はCFOだった。当時はITを戦略ツールとして捉えていた企業はごく限られており、大半はITを財務情報の提供、生産性向上のツールとしてのみ捉えていた。そんな時代にグローバル企業としてペプシコは明確に戦略手段としてITを位置付け、積極的に人材を採用し、投資をしていた。

CFOはこのような重い役割を担う結果、企業経営全般に関わることになる。米国企業で多くのペプシコ出身のCFOが活躍しているのも、こうした背景がある。また、同様の事情でペプシコではCFOがゼネラルマネジャーになることが多かった。ファイザーやGEなどでも同様の傾向が見られる。

3. チェンジ・エージェントとしてのCFOの役割

会社は経営環境に応じて常に変化し続ける。その時代を背景として経営がある。そして、その時代にあわせた経営管理があり、管理会計の形が作られる。

私は1992年夏に米国でペプシコに入社した。当時米国は不況の真っ只中だった。今の日本ほどではないが、多くの会社が変革しなければならない時を迎えていた。

1年半に及ぶ幹部研修プログラムとして、まずロサンゼルスの南、トーランスにあるペプシコーラのボトリング工場に勤務した。ペプシコーラの北米会社はリストラの真っ只中だった。

そんなこととは露知らない私は、それから1年半に及ぶことになる贅沢で暢気な幹部研修プログラムにのぞんだ。出社してまもなく、地区のCFOが100人近い経理部門の社員をミーティングに召集した。何も知らない私は、ゲストとしてその場に参加した。

ミーティングが始まる前に、私は研修に来ている日本人として自己紹介した。それが終わると、CFOはミーティングの冒頭、いきなりこう言い放った。

「ペプシコーラはこれから大きなリストラを行うことになった。経理部門を北米全体で統合するので、この地区の経理部門は閉鎖される。自分自身がどうなるかもまだわからないし、閉鎖の時期、プロセスも現時点では不明だ」

その場は騒然とした。私もただ驚いて息を呑んだ。何人かの経理部員がCFOに質問した。質問というより、むしろ悲痛を訴えるコメントだった。

「私は小学校しか卒業していない。再就職はとても難しいので本

当に困る」

　こうした発言が続いた。その後、私は研修の一環としてこの100人近い経理部員の一部のメンバーに2、3日にわたり仕事内容の説明を受けた。買掛金、未払い金担当の経理部員は私に自分の仕事を説明する過程で、たまたま掛け算で行き詰まった。彼女は「私は支払いの担当なので、掛け算は仕事上必要ない。掛け算ができる人は、固定資産、減価償却を担当している」と言い放ち、私を驚かせた。

　私はアメリカでの仕事のやり方を監査法人で経験していたが、改めてアメリカらしい仕事のスタイルを再確認した。仕事がまず先にある。その仕事に合わせて人を採用する。人に仕事を合わせない。「この人はこんなこともできるから、変則だがこれも担当してもらう」というアプローチを採らない。人材の流動化が進んでいるアメリカでは、いつ、その人が会社を辞めるかわからない。その人だからできる変則的な仕事を与えると、その人が退社したとき、容易に交代要員が見つからないのだ。

　話を戻そう。このミーティングに参加した後、私はペプシのリストラのプロセスを身近に見た。CFOはチェンジ・エージェントとして主要な役割を果たしていた。

　リストラは社員に危機感を共有させることから始まった。「バーニング・プラットフォーム」という言葉がよく使われた。海に浮かんだ石油採取のプラットフォームが火事になっている様子を意味した。このままプラットフォーム（会社）に残っていると命を失うというメッセージを送るのだ。

・アメリカは不景気である
・永遠のライバルであるコカコーラと国内では競っているのに、国外では大きく水をあけられている
・コカコーラは世界売上の80％を国外で上げているのに対し、ペプシはちょうどその逆で、国外の売上は全体の20％に過ぎない

　ペプシはこうしたマイナスのメッセージを社員に送って危機感を

煽った。

　コカコーラは海外、なかでも日本市場で成功していた。ペプシは日本市場をてこ入れする必要があった。大手会計事務所、クーパース・アンド・ライブランド（今のプライスウォーターハウスクーパース）に勤務していた私にペプシから転職の誘いがあったのも、日本市場攻略の意図があったからだ。

　このアメリカでのリストラの4、5年後に、ペプシの海外オペレーションで、もう一度、バーニング・プラットフォームの写真を見ることになる。1992年から海外オペレーションに力を入れ投資をしてきたペプシは4、5年経って、市場の状況も国、地域ごとに特性が見えて、とるべき戦略がほぼ決まり、大きく組織変更をすることにした。

　このリストラを境に、アメリカ国内は1993年に、海外は1996、7年に、エリア、エリアを束ねるディビジョン、本社という括りから、マーケットユニット、マーケットユニットを束ねるビジネスユニット、そして本社をサポートセンターと位置付ける組織に変更した。成熟産業であるペプシコーラの事業運営では、できるだけ顧客に近いところで素早い意思決定が必要となる。

　したがって、権限をできるだけ現場に委譲して、本社はそれをサポートする役割を担うという考え方だ。組織図まで上下をさかさま

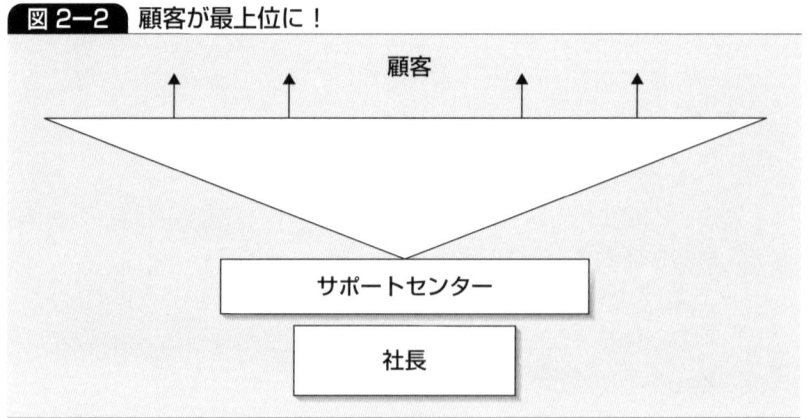

図2-2　顧客が最上位に！

にして、顧客に一番近いところを上に持ってきて、"Right side up company"と呼んだ。

　こうした事業、組織の再編でCFOはチェンジ・エージェントとしての役割を果たした。私自身も、日本法人のCFOとしてボトラーの統合を手掛け、結局、日本市場でのシェアと成長率を考えて本社が決めた事業の丸ごと売却の方針に沿って、サントリーへの営業譲渡の実現に関与した。

column

米国企業改革法

　エンロン、ワールドコムといった一連の会計不祥事を機に米国では企業改革法（サーベンス・オクスリー法）が2002年7月にブッシュ大統領の署名によって発効した。

　細目はこれから決まってくるが、驚かされるのは罰則規定の重さだ。米国企業だけでなく、米国市場に上場する海外企業も対象となり、SEC（米証券取引委員会）に提出する財務諸表に対して、CEO（最高経営責任者）とCFO（財務担当責任者）がその正確さを保証する証明書を提出することを求めている。虚偽の記載があると知りながら署名した場合、500万ドルの罰金を科されるか、または20年以下の禁固刑（または両方）というもの。

　エンロンのような事件が完全になくなるとは思えないが、米国企業の不祥事防止はかなり徹底している。財務関係者はインサイダー情報に触れる機会が多い。対外的に発表した業績予想と実績の乖離を知って、株取引で利益を得ることが可能だ。それを防ぐには情報をもてる人を限定し、工夫して全体像を見えにくくすることが必要だ。

　シスコは全社的に受注高を指標に使っていて、毎時集計されていた。ところが、売上高は本社のごく一部の人以外は知らされなかった。これも全体像を見えにくくする方法である。

　今回の企業改革法が期待される抑止効果をもたらすかどうかは分からないが、過去の歴史を見れば、悪事は忘れた頃？にやってくるものかもしれない。

4. ライト・サイド・アップ・カンパニー

　36頁の図2-2を見てほしい。right side upとは、「正しい方向が上を向いている」という意味で、通常の組織図とは逆に、顧客が最上位に位置し、社長は最下位に描かれている。これは、顧客、そして顧客に近い現場の従業員が一番上位にくるという価値観の表明であり、本社機構がサポートセンターとして現場を支えるという発想である。社長はサポートセンターの長と位置付けられる。

　日本企業でも「顧客第一」「お客さん優先で」とよく言われるが、本社機構がサポートセンターになるという発想まではいかない。言わば、通常の企業の概念を180度転換するようトップマネジメントに迫る概念なのだ。こうした考え方がリストラの際に取り入れられ、組織再編、事業再編のキーコンセプトになる。

　組織というのはエゴの塊であり、自分にとって居心地のいい組織にしがちだ。それは日本でも米国でも変わらない。時がたてば自分たちに都合のいい組織、つまり経営陣にとって都合のいい組織になってしまう。それは顧客にとっていい組織とは限らない。

　リストラのときに、既存の組織からここを削り、あそこを削りといった調整をしていくのでは抜本的なほんとうの再構築にならない。現状の組織は忘れてright side upな組織図をまず描くことは顧客を中心に考えられた企業の理念図を考え、抜本的な組織改革を図るためだ。

　その理念図の中に、あの人は必要、この人も必要と当てはめていく。そこに当てはまらない残った人はアウトプレースメントの会社を使って会社が職探しの面倒を見る。先に触れたバーニング・プラットホームという絵を見せ、危機感を煽って進めていく。ペプシコはコンサルタントを頻繁に活用する会社で、こうした手法は他企業でも行われていたのかもしれない。

　このright side up companyは、図を見れば単純そうだが、考えれば考えるほど難しい。特に、自分を偉いと思いがちな日本人経営者にとってはそうだ。一般社員、平の社員が偉いとはなかなか考

えられないだろう。right side up company では、ものを頼むにしても上から下に命令するというのでなく、サポートするという役割からのお願いになる。ペプシコの場合、リストラのときだけでなく、通常の組織再編のときでも、理念図を横において組織を変えた。個々のエゴを通さないというやり方であり、組織は常時変えなければ硬直化するという哲学に基づいている。

　ペプシコのリストラ規模は米国だけでも数千人に規模に上った。その際、ロジック、大義名分が必要になる。right side up company というのはロジックなのであり、それに反対する人もいるだろうが、リストラが単なる経営者のご都合主義ではなく理念に基づいていることを説明することこそリストラ後の従業員の士気にとっても不可欠なのだ。日本のリストラを見る限り、理念があまり感じられない。経営側の都合によるリストラというのでは失敗する公算が強い。このright side up companyというロジックを日本企業も考えてみる必要がありそうだ。

第三章 グローバル経営——シスコシステムズのケース

1. 未来系ビジネス

　シスコシステムズは、ネットワーク機器の世界最大手の会社だ。ルーター、スイッチと呼ばれる機器の中にISOと呼ばれるソフトウエアが組み込まれているため、ハイテク会社の色彩が強い。いまや世界中に浸透したインターネットはシスコのルーターが支えているといっても過言ではない。アメリカではその株価が長期にわたって上がり続け、時価総額が2000年春、一時GE、マイクロソフトを抜いて世界一になった非常に知名度が高い優良企業である。歴史上最も急成長をした会社であり、今やアメリカのIT企業の代表格になっている。
　ネットワークを経営管理に活用することで生産性を飛躍的に高めることに成功した会社だ。管理会計にもネットワークをフルに活用することで、従来の連結経営から脱却して、世界ベースで1つの損益計算書だけで経営管理することを可能にした。第四章でバーチャルクローズとして紹介するが、経営上必要な情報を適時、提供することを管理会計の役割として位置付け、月次、4半期、年次の決算を一日足らずで完了している。
　私がシスコの日本法人に勤務することになったのは1992年2

図3-1　シスコシステムズの主要財務指標

	毎時間	毎日	毎週	毎月	毎四半期
マーケットシェア					×
受注/売上	×	×	×	×	×
値引率	×	×	×	×	×
売上総利益率	×	×	×	×	×
経費		×	×	×	×
人員数			×	×	×
一人当り売上高				×	×
税引後純利益				×	×
製品群別貢献利益				×	×
貸借対照表				×	×

月、ペプシの日本でのビジネスをサントリーに営業譲渡した直後だ。アメリカ経済は1990年代前半の不況から脱却し、活況に向かっていた。IBMも元気を取り戻し、マイクロソフト、インテルなどを中心にアメリカはハイテクブームになっていた。シスコも破竹の勢いでビジネスを伸ばしていた。

シスコという会社は、ペプシコの対照として語ると興味深い。典型的なアメリカ西海岸の会社である。ペプシコのような歴史のある東海岸の会社をアンチテーゼとしているかのようだった。

顧客が大企業なので営業職はスーツだが、基本的には服装はカジュアルだ。ペプシの本社はダークスーツに白いワイシャツが主流だ。一流の大学院卒が多く、競争心の強い人が多かった。また、そういう人が早く頭角を表し早く昇進する。シスコは、コーポレートカルチャー、企業文化を大事にした。東洋人が多く、駐在員より現地の人にできるだけ経営させる。上級管理職は個室を持つが、社長だからといってその分オフィスが大きくなるわけではない。

ペプシではグレードごとにオフィスの仕様が決まっていて、昇進があるたびにいつもオフィスの模様替えの工事をしている。航空チケットもシスコは社員のグレードに関わらず社長も含めて常にエコノミークラスなのに対し、ペプシでは管理職にならないと原則海外出張はないし、航空チケットも飛行時間によりファーストクラスかビジネスクラスだ。今はどうか知らないが当時はそうだった。シ

スコでは会社の経費で贅沢は一切しない。贅沢をしたければ自分の収入の中でする。シスコは重たいアメリカの典型的な東海岸の会社のすべて逆を実行しているように見えた。

　シスコは、インターネットが我々の生活のあらゆる局面を大きく変えるというビジョンをもっている。eメール、インターネットによるリサーチ、サプライチェーンマネジメント（SCM）の充実など、インターネットによって仕事のスタイルは大きく変わった。

　シスコのミッションはインターネットを使って変わっていく世の中の形作りに貢献するという広大なものだ。成熟した飲料事業と違い、未来系のビジネスだ。具体的には、ネットワークの普及、IP電話の普及、ネットワークの活用による生産性向上、テレビ放送のIP化の定着も時間の問題だろう。シスコは着々とそのミッションを果たしつつあった。

column

シスコの新世界ワークプレース

　典型的なアメリカ東海岸のペプシコと西海岸のシスコシステムズを経験した人は、日本人では多くないかもしれない。ペプシコのニューヨーク本社勤務を経験した後、シスコに入社して「こんなに正反対の会社があったのか」とカルチャーショックに見舞われたのを昨日のことのように思い出す。

　なかでもオフィスに対する考え方の違いは鮮明だった。

　東部のエリートが集うペプシでは、グレードによって個室のサイズと仕様が決まっていた。シニアバイスプレジデントにでもなれば、オフィスの大きさもさることながら家具も立派なものになる。ご存知の方も多いと思うが、コーナーオフィスはステータスシンボルになる。

　だから、人事異動、昇格があるたびにオフィスの引っ越しとそれに伴う工事がある。私の在社中も、必ずオフィスのどこかで工事が進行していた。基本的には、人にスペースがつく伝統的な東海岸のオフィスだった。

　西海岸のシスコでは、新世界ワークプレイス（new world work place）というコンセプトを打ち出した。人にスペースがつくのではなく、仕事にスペースがつくという逆転の発想である。何事も、東部とは違ったスタイルをとることを意識的に行っているという感じだった。それにしてもニューワールドとは、大仰ではあるが。

　合理的に考えると、シスコのやり方に軍配が上がる。確かに、社長だからといって特別大きなオフィスが必要なわけではない。お客が来たときは、社長室ではなく応接室に通せば事足りる。

　巨大な社長室は社内での権威の象徴にはなるが、誰が役員で誰が社長かはオフィスの大きさでわざわざ強調しなくても、社員は皆知

column

っている。シスコでは仕事にスペースがつくので、社長だからといってオフィスは大きくない。機能的には、パソコン、電話等のネットワーク環境があり、デスクがあり、2、3人でミーティングするスペースがあれば充分だ。それ以上の人数でミーティングするときは、共有のミーティングルームを使えばいい。10人でミーティングするスペースを常に社長室に置いておくのは無駄でしかない。

マネジメントのオフィスの企画が標準化しているので、人事異動、昇格があってもオフィスの工事は必要ない。ステータスシンボルの窓があるオフィス、コーナーオフィスの獲得合戦はない。窓に沿って個室を作ることはないし、すべての個室はフロアーの内側になる。

営業職の場合、顧客先に頻繁に出ることを奨励しているので、基本的には自分の机をもたず、必要なときに仕事に適したスペースを使うことになっている。

従来の共有デスクとの違いは、ネットワーク環境が整っている点だ。電話はIP電話なので、移動可能である。パソコン同様、ネットワークにつなげばその場所で自分の電話が使える。

3、4人で議論をするときは、大机と幾つかの椅子、そしてホワイトボードが用意されたオープンスペース（コラボレーションスペース）を使う。その後、電話でじっくり顧客と話すときは、ドアを閉めることができる電話ボックスのようなスペースを使ってもいい。デスクワークは空いているデスクに自分のパソコンと電話を繋げば、それが自分のデスクになる。

人事異動があれば、自分のパソコン、電話、身の回りの書類を運べばよい。書類もネットワーク・ストレージがあるので、ソフトコピーをそのストレージに置いておくので、ハードコピーで持たなければならないものは少なくなる。

従来のオフィス環境では時間の経過とともに書類が増えて保存場所に苦慮したものだが、シスコに勤務していたときはほとんど書類が増えなかった。もちろん、ネットワーク上のストレージをたま

column

に整理する必要はあったが、重い書類を運んで体力を使わなくでも、パソコンで整理できた。

　人事異動のたびに電話会社に依頼して配線換えをする必要がないのもスピード経営、経費節減には役立っていた。

2. 徹底したネットワーク・ITの活用

シスコは未来系の会社なので、会社経営にも最大限ネットワークを活用しようと努めている。営業、製造、購買、アフターサービス、人事、ファイナンス、すべてのファンクションでネットワーク、ITのパワーをフルに使っている。ファイナンスにネットワーク、ITのパワーを使うことで誕生したのがバーチャルクローズだ。世界ベースの連結財務諸表が１日で完成する。

経営のあり方もユニークだ。売上が約２０兆円、３万人を超える社員が世界中で働いている大会社なのに、一つの会社、グローバルカンパニーとして会社を運営する。もちろん世界中に子会社が存在するのだが、それぞれの子会社がある程度独自に会社を経営し損益責任を持ち、その集合体として会社が存在するペプシコのような連結経営とは対極をなす。

ペプシコが利益重視のマネジメントであるのに対し、シスコは急成長企業だけに売上高（実際は受注高）重視であった。現在はその状況も変わっているかもしれない。会社全体が営業組織であり、重視されるのは売上高の他は経費と経費率だけである。損益責任は本社だけが負うシンプルなシステムとなっている。

そのような経営のあり方を可能にしている理由は３つある。１つは、会社の事業の性質だ。成熟産業ではない。未来系の提案をして

図 3−2　シスコシステムズの管理会計

	全体	A国	B国	C国
売上高	XXX	XX	XX	XX
経費	XX	XX	XX	XX
経費率	XX	XX	XX	XX
利益	XX	−	−	−

いく事業であるため、地域性をある程度無視できる。

　２つ目は、リーダーシップの在り方だ。CEOのジョン・チェンバースは精力的に世界中を飛び回る。シスコのビジネスは企業のインフラに密接に関連する。そのため、各国法人首脳との繋がりも強い。チェンバースは海外出張すると、できるだけ時間を見つけて社員の前に顔を見せ、対話の機会を持つ。これはペプシとは対照的だ。ペプシの本社経営陣は出張してきても一般社員の前には意図的に顔を見せない。それはその地域、国の社長がいるからだ。彼が顔を出さないことで地域の社長のリーダーシップを支持するスタイルだ。

　１つ目に関連するが、未来系の提案事業なので営業組織が強力なリーダーシップを持って会社を引っ張るのが特徴だ。世界中にあるシスコの地域組織はセールスオフィスの性格を持ち、その地域責任者はアメリカ本社の営業の責任者にレポートする構造になっている。中央集権化された組織なのだ。

　しかし、地域責任者、各国の経営陣は、本社に対する影響力を有している。権限とは違うが、その本社への影響力は大きい。組織構造と矛盾するようにも見えるが、そうではない。意図的に強力な求心力を持って会社経営にあたることのマイナス面をチェンバース自身が自覚しているから、意見をよく聞き、聞くだけでなくその要求に行動を持って応える必要があるのだ。そうしなければ舵取りを誤ることになる。

　３つ目は、ネットワーク、ITの技術がその経営スタイルを可能にしている点だ。バーチャルクローズによって、自宅でも出張中のホテルにいても重要な経営指標である受注高、売上高、利益率等がほぼリアルタイムで把握できる。各地域の責任者でなければ状況をすぐに把握できないという時代は去った。イメージとしてはネットワークの活用で情報が身近になり、世界のオペレーションに距離感がなくなり、極端に言えば東京都内に本社のある会社が都内の営業所の状況を把握するかのような身近さが実現したと言える。

column

シスコの組織設計

　私がシスコで仕事をしていて非常に便利で気に入っていたウェブツールのアプリケーションに「シスコ・ディレクトリー」というのがあった。

　特定の社員の情報を知りたければ、そのツールを起動させ、氏名、勤務地、電話番号、メールアドレス、タイトル、ファンクション（営業、ファイナンス等）など、知りたい情報をすべて網羅していた。その社員の上司、部下の氏名もドリルダウンして調べることができる。

　シスコでは、span of control（直属の部下の数）、また、layer（本社の末端からCEOのジョン・チェンバースまでの階層）を組織設計上の指標にしていた。

　部下が一人という上司がいたとすれば、組織設計上、基本的に合理性が薄いと判断される。当該上司の上司が二人を直接部下にすればいいからだ。

　シスコでは、いたずらに組織の階層を深くすることを避ける。だから、上級管理職になればなるほど、直属の部下の数は多くなる。

　CEOのジョン・チェンバースの部下はシニア・バイスプレジデントである。彼らは管理職として成熟度が高い。だからCEOが部下シニア・バイスプレジデントに事細かく仕事上の指示をする必要はない。したがって、CEOの直属の部下の数は多くなるのだ。

　管理職の階層が下がるにつれて、部下の成熟度は下がってくる。したがって、管理職一人あたりの直属の部下の数は減ってくる。コーチングをしたり、指示を与える機会が多くなるからだ。

　Span of controlを意識して組織設計することで、layerの数を減らす努力をする。CEOまでの階層が深ければ深いほど、会社の

方針等が社員全員に伝わりにくくなり、風通しの悪い組織になる恐れがあるからだ。

　シスコのようなグローバルな会社になると指揮命令系統がわかりにくくなるが、それをカバーするのが、万能の道具「シスコディレクトリー」なのだ。

3. ファイナンス部門への期待

ペプシコのように会社全体の損益計算書を分割し、各地域のGM、CFOに損益計算書を渡す形で損益責任を持たせるといった面倒なことは必要ない。そんなことをすると、ボトムラインの利益を捻出するために地域のマネジメントが無理をする恐れがある。

本社レベルで会社の戦略を具体的な目標と測定指標に置き変えて、その目標値を地域、国のトップとの間で合意を取って経営する。例えば、収益性の指標として、値引率、貢献利益率等の合意を取る。

ファイナンス部門への期待もペプシのそれとは違った性格になる。まとめると、以下の3点である。

・eファイナンスの実現
・ビジネスパートナー
・受託者責任の担い手

eファイナンスの実現とは、ネットワーク、ITのパワーをファイナンス部門の仕事に活用することを意味する。具体的には、バーチャルクローズを通して、経営上不可欠な財務情報を継続的にモニターし、適時に情報提供していく役割をファイナンス部門が担う。

ビジネスパートナーとは、ファイナンス部門で仕事をする人たちの仕事に取り組む姿勢、他のファンクションとの係わり方に関係する。ややもするとファイナンスの仕事の性質上、ビジネスから離れてしまい、バックオフィス化して官僚的になったりすることが大いにあるが、シスコではファイナンスのスタッフは管理責任を持つと同時に、シスコのビジネスの成長に貢献していくことが期待されている。

1番目のeファイナンスの実現は、顧客への提案の一つだ。したがって、ファンナンス部門のマネジャーは営業の人と一緒に顧客に会い、バーチャルクローズ等を紹介する。実務に就いているファイナンスの人間が説明するため、顧客の信頼も得やすく、受注活動にプラスとなる。

受託責任の担い手としての役割は、株主から出資を仰ぎ、事業を

運営する以上、CEOをはじめとする経営陣全員がその責任を負っている。なかでも、CFOがリーダーシップを取り、内部統制に注力している。全世界のファイナンス部門のスタッフは、その地域の事業責任者ではなく、本社のファイナンス部門、最終的にはCFOにレポートしている。だからこそ、ビジネスパートナーたれという姿勢、行動を忘れると、孤立化、バックオフィス化してしまう危険があるのだ。

　以上、ペプシコとシスコでの私の経験を紹介した。それぞれの時代背景、業種、経営体制等の違いがファイナンスの果たす役割に違いをもたらしている。

第四章 シスコシステムズのバーチャルクローズ

1. バーチャルクローズ誕生の背景

　シスコは世界ベースの連結財務諸表を1日で完成することができる。大半の企業では1週間以上かかっているはずだ。実はこの1日決算はバーチャルクローズのほんの一例にすぎない。ここではバーチャルクローズの本質を説明する。

　バーチャルクローズが誕生した背景から説明する。シスコは1984年に誕生して売上高2兆円を超えるまでに成長した。史上最速の成長を遂げた企業と言われている。そんな急成長会社であるため、ファイナンス部門の課題は正確な財務情報をいかに適時に提供していくかにあった。ドッグイヤーといわれる人間の7倍の速さで成長するハイテク業界の会社だから、ファイナンス部門への期待水準は大変高い。

　企業がどのような状況にあるか常に把握できることは、経営者にとって最大の武器である。そのことで、市場の変化、競合状況にいち早く対応が可能になる。そこにファイナンス部門の普遍的役割、情報提供に対する大きな期待がある。

　バーチャルクローズとは一言で言うと、ITを活用して経営上不可欠な財務情報を継続的にモニターしていくという概念である。簡

単に言えば、必要なときに的確な情報を提供することである。

　受注状況、値引き、出荷を受けての売上、売上総利益はほぼリアルタイムで把握したい。マーケットシェアは４半期ごとに掴みたい。損益計算書、貸借対照表は月次でほしい。ソフトバンクの孫正義社長も日次決算の必要性を主張していたが、企業によって経営上不可欠な情報とそれを把握する頻度は当然異なる。

2. 実現までの長い年月

　シスコのシステムをコピーすれば明日からシスコと同じようにリアルタイムで経営情報を入手できるようになるかと言うと、残念ながらそうはいかない。そのためには、後ほど説明する６つの構成要素が必要になる。

　シスコの場合、1995年から５年の月日をかけてバーチャルクローズを実現した。1995年当時は、本社のあるアメリカ以外の拠点ではアメリカの決算日の１週間前に帳簿を締め、それを受け

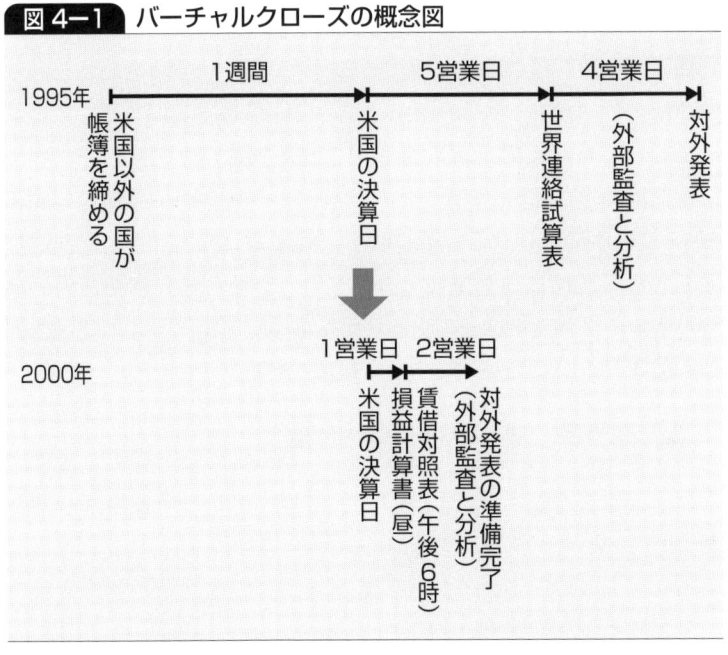

図4-1　バーチャルクローズの概念図

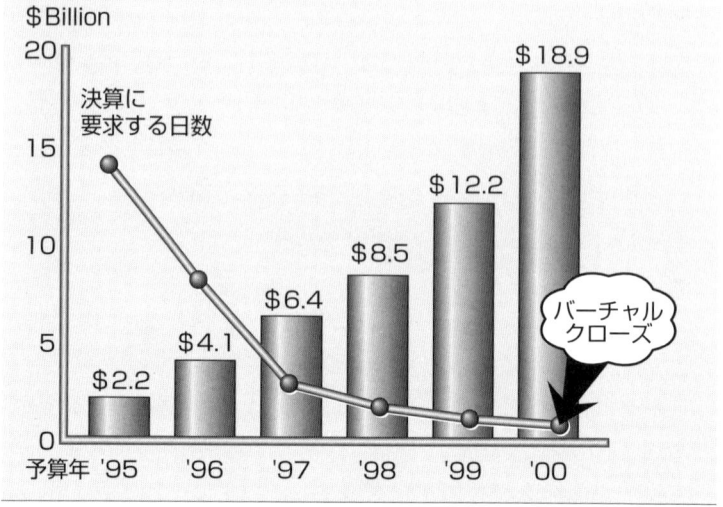

図4-2 シスコの売上高推移とバーチャルクローズの推移

て世界連結試算表を決算日後の5営業日後に作成していた。それから分析をはじめ、外部監査人に見てもらい、外部には9営業日後に発表していた。アメリカ以外の日数を計算に入れると実質15日要していた。最初はウェブベースのアプリケーションも存在しなかったし、フィナンス部門はもっぱら過去の数字を追っていた。

それから5年後の2000年には、決算日後、1営業日目の昼には損益計算書がCFOに報告され、同日の午後6時には貸借対照表がCFOの手に渡される。それから、外部の公認会計士に目を通してもらい、同時に財務諸表の分析を行う。そして3営業日目の終わりまでには外部に発表できる状態になった分析済みの財務報告書が完成するというのが現在のシステムである。

3. バーチャルクローズの構築

バーチャルクローズを実現するには以下の6つの要素が必要である。

1. 経営トップのコミットメント

図4-3 バーチャルクローズの構成要素

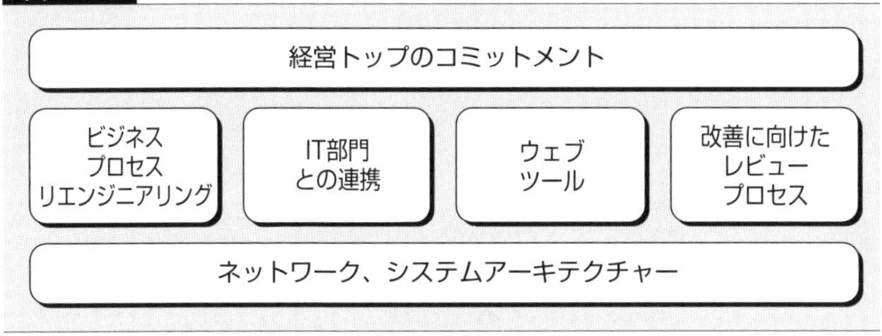

```
┌─────────────────────────────────────────────┐
│         経営トップのコミットメント              │
└─────────────────────────────────────────────┘
┌──────┐ ┌──────┐ ┌──────┐ ┌──────┐
│ビジネス│ │IT部門│ │ウェブ │ │改善に向けた│
│プロセス│ │との連携│ │ツール │ │レビュー│
│リエンジニアリング│ │      │ │      │ │プロセス│
└──────┘ └──────┘ └──────┘ └──────┘
┌─────────────────────────────────────────────┐
│      ネットワーク、システムアーキテクチャー      │
└─────────────────────────────────────────────┘
```

2. ネットワーク、システムアーキテクチャー
3. ビジネス・プロセス・リエンジニアリング（BPR）
4. IT部門との連携
5. ウェブツール
6. 改善に向けたレビュープロセス

一つ一つ説明していこう。

■経営トップのコミットメント

　日本のボトムアップ型のマネジメントではバーチャルクローズを実現することは無理だ。トップダウンのアプローチが必要となるからだ。バーチャルクーロズの実現には長期間にわたる投資と苦痛が伴う。シスコの場合、1995年にCFOが世界トップクラスの財務報告システムを実現すると決意し、その決意を貫き通した。アメリカ流に年間目標として毎年掲げ、成果をボーナスに反映させた。

■ネットワーク、システムアーキテクチャー

　各業務を統合するシステムを導入し、それを世界ベースで標準化してネットワークでつなげる。購買、製造、販売、物流、経理等の業務がそれぞれ分断されたシステムで処理されていたり、世界中の拠点がネットワークで繋がっていなかったりする状況ではバーチャルクローズは実現できない。シスコの場合は、オラクルのERPを導入してネットワークで繋ぎ、世界ベースでシステムの標準化を図

った。

　一例をあげよう。シスコの日本法人は社員が1000人にも達する大きなオペレーションをしている。しかし、経理は少数精鋭の5人。ネットワークを通して物理的にアメリカにあるサーバ上で業務を行っている。イメージとしては、日本法人の経理部門ではなくて、世界で一つの経理部門の一員として日常的に仕事をしていることになる。ネットワークとシステムの標準化がそれを可能にしている。

■ビジネス・プロセス・リエンジニアリング（BPR）
　なんと言っても、一番時間を要するのはこのBPRである。ERPの導入には欠かせない前提である。言い換えれば、ERP導入の大きな利点は、導入時に必要になるBPRを通して業務の見直し、効率化を実現できる点にある。
　ERP（Enterprise Resource Planning）とは一言で言えば、受注・販売管理、在庫管理、生産管理、会計といった企業の基幹業務をサポートする統合情報システムパッケージである。各業務が分断されずに統合されている点がポイントである。ERPには、本来こうあるべきというベスト・プラクティスが組み込まれている。ERPの導入時には、それに合わせて業務プロセスを改善していくBPRが前提になる。
　毎日忙しく仕事をしていると、忙しさゆえに自分なりの仕事の仕方ができ、それが固定化する。きっともっと良いやり方があるとは思うのだが、じっくり考え工夫する余裕がない。その上、ほとんどの人間は変化を嫌う。
　したがって、ERP導入はBPRの絶好のチャンスなのである。標準化したシステムを導入するためには、世界ベースで業務の内容を統一しなければならない。同じ業務に対してある国ではこういうやりかた、別の国ではこういうやり方というようにそれぞれ異なっていたのでは統一できない。実際に、統一しようとすると、例えば「日本では従来からこのやり方をやっており、それが日本の実情に

あっている」といった反対にあう。

　しかし、BPRではそういうことを含めてとにかく一度すべてをゼロから見直すことが必要になる。見直した後で、あるやり方が実際に実情にあっているのであればそれを採用すればいい。しかし、見直す前からこれは必要ないというように聖域を作っていたのでは、到底統一はおぼつかない。ここでもトップダウンが必要になってくる。やや実務的になるが、経理の実務家のために、シスコのBPRの例を紹介する。

■シスコのBPR

・他社の例をベンチマークする

　他社から学び、その後に自分なりの工夫をする。ベンチマークの有名な例としては、GEのジャック・ウエルチ前会長が挙げられる。彼はラーニング・オーガニゼーション（学習する組織）を提唱している。ある会社のあるやり方が非常に優れていると分かると、自らその会社に連絡をして、実際に足を運んでそのやり方を学ぶ。そして、自分の会社に導入する。アメリカでは著名な上場会社の間でそういうことが可能になっており、ウエルチ前会長は自ら連絡を取ることができる人脈を豊富に持っていた。そうやって、絶えず自分の会社を他と比較して見直すことによって自分の会社を時代にあった形に進化させていく。

・短時間で成功例を造る

　1年後の大きな成功を目指す前に、短期間で小さな成功を作り、達成感を共有しながら継続していく。遠大な目標だけを追っていると途中で挫折することも多いだろう。

・ビジネスプロセスを見直し、定着させてからシステムにのせて自動化する

　BPRをする前にシステム化する過ちが非常に多い。この点は十分に注意が必要である。シスコでさえ、ここで過ちを犯すことがある。システム化を急ぐあまり、成熟していないビジネスプロセスをシステムにのせて自動化したが、システムが完成した頃には外的事

情でそのビジネスプロセスが不必要になってしまうといったことがしばしばある。

- 月次決算のスケジュール
    1．引当金、未払い費用の計上は決算日までに行う
    2．世界中で決算日を統一する
    3．土曜の夜中12時をもってシステム上決算を締める。週末に人間不在でもシステムに自動計算させるためである。
    4．決算手続きを標準化する
    5．未払金は決算日までに計上する
- 世界ベースで一つの勘定体系表をつくる

会社ごとに別々の勘定体系表を持って決算していたのでは連結に時間がかかる。これは非常に重要なポイントになる。例えば交通費を計上するときには、会社ごとに番号が決められているはずである。仮に交通費の番号が日本で5000だとする。それがアメリカで5001になっていると、同じ項目に二つの番号があることになり、後でまとめるときにどちらかに統一する手間がかかる。しかし、最初からひとつの番号に統一されていれば、簡単にまとめられる。それを世界中であらゆる勘定項目について統一する。

- 会計方針の統一

連結上の会計方針を統一する。各国ごとの税法等、制度上の要請は個別財務諸表上で対応し、連結上の決算と分けて考える。これを履き違えると、各国ごとの事情があるので連結上の会計方針が統一できなくなってしまう。

- 費用の付け替えを最小限に抑える

部門間での費用の付け替えのルールを見直し、費用の付け替えを最小限に抑える。会計の作業量を削減するためである。例えば、一定金額以下については、他部門の経費を立て替えてもお互いに付け替えないという取り決めをしておく。

例えば、ある費用が発生したとして、決算の段階で「この費用は俺のところのものではないから、お前のところにつけておいてくれ」

ということが必ず起こる。それをああでもないこうでもないと言い合っていては時間がかかる。実際に費用が発生したことは事実であり、それをどこにつけるかは内部の問題で、外部には直接関係ない。したがって、仮に立て替えたとしても、とりあえず自分のところで計上してしまえばすぐに済んでしまい、決算上問題は起きない。負担責任の議論は、決算後にやればいい。

・資産計上する金額の見直し

日本では前述したように財務会計は税法等と連携する制度会計になっているので、資産計上の基準は税法に合わせるのが一般的である。しかし、重要性を鑑みながら、小額資産を計上し、毎月、何年にもわたって減価償却費を計上する手間、時間を削減する必要がある。もし、会計上の資産計上基準を税法基準と違って持てる環境にあるなら、会計上は合理的に可能な限り資産計上する金額を高く設定することで、手間の掛かる償却計算を減らす。

・関係会社間取引

関係会社取引については、勘定体系表を世界的に共有しているのだから、相手会社の勘定に自動的に計上する。一つ一つの取引を調査する手間を省くためである。ただし、シスコでもこのあたりは運用上苦労している。想像できるように、思いがけない費用が自分の会社に付け替えられることがある。アメリカの本社が日本の子会社のために何らかの活動をしたのに要した費用を、日本の子会社の帳簿につけてくることが考えられる。以前であれば、請求書が来て負担の有無の押し問答があったのだが、今ではなくなった。

・勘定体系表の継続的見直し

勘定体系表は時の経過とともに肥大化する。管理会計上の要請で部門コードを設定したりして勘定コードを細分化したりすると特にその傾向が強い。ある時点で必要だった部門コード、勘定コードも今は必要ないかもしれない。会計勘定の数が多いだけ会計仕訳のライン数が増え、経理部の作業量が増える。継続的に、少なくとも定期的に勘定体系表を見直す必要がある。

例えば、A部長の部門経費が予算超過気味だとしよう。A部長は

厳密に経費を管理するために、部門コードにサブコードをつけて管理を始めた。その成果が実り、部門スタッフの経費意識も高まって、経費を予算内で収める習慣が根付いた。サブコードはもう必要ない。しかし、依然としてサブコードはそのままで、経理スタッフの作業量は減らない。そういった場合、惰性でサブコードをつけるのではなく、それをはずすことなどが見直しに当たる。

■IT部門との連携

従来の会社では、IT部門をコストセンターと位置付け、そこで発生する費用を他部門に配賦するのが一般的である。シスコはITをフルに活用して成功した会社である。IT部門と各業務部門の連携の仕方にシスコの特徴がある。

ITの人間は、各業務部門のメンバーとなり、各業務部門のユーザーがアプリケーション導入の優先順位を決める。部門長は人員数とのトレードオフとしてアプリケーション導入の意思決定をする。業務量が増えたとき、すぐに人を増やすのではなく、BPRを行ってシステムを導入するのだ。シスコではこのモデルを、クライアント・ファンデッド・プロジェクト・モデル(CFPモデル)と呼んでいる。文字通り、ユーザー主体の投資モデルである。

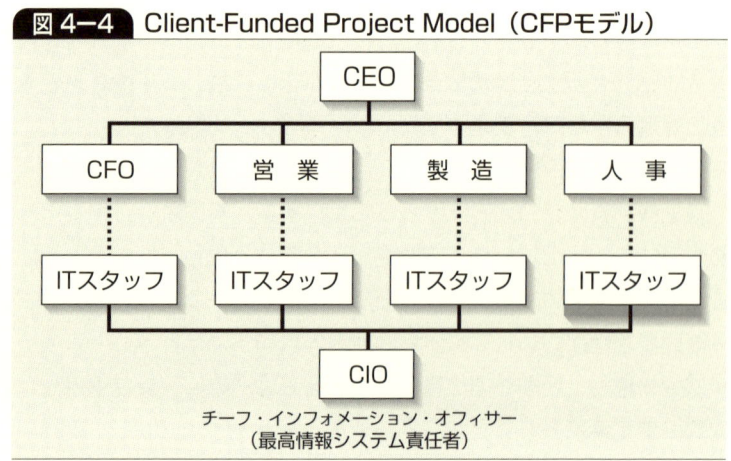

図4-4 Client-Funded Project Model（CFPモデル）

アプリケーションへの投資の回収期間は６カ月以内というように短期間が原則である。したがって、業務部門毎にどんどんアプリケーションが導入されることになる。ただし、アプリケーションの導入時には、IT部門のスタンダードを守ってもらう必要がある。
　一方、IT部門が主体となり全社的観点から決定するのはITインフラである。IT部門の仕事は、ネットワーク、システムアーキテクチャーのデザイン、全体のスタンダードの設定と、CFPモデルによるビジネスアプリケーションを計画通りに予算内で導入することである。年間のIT関連費用の50％以上が、このCFPモデルに基づくシステム投資に向けられる。業務部門の主体性がどれほど強いかが分かる。

■ウェブツール
　ウェブベースのツールの活用も、その信頼性、アクセスの容易さ、短時間で導入できる点で重要になる。ウェブツールは、大きく２つに分類できる。まず、各種の情報提供のツールがある。
　ほぼリアルタイムで、受注、売上、売上総利益等の情報を提供する、EIS（エグゼクティブ・インフォメーション・システム）がその一例である。世界ベースの情報をドリルダウンすることで、地域別、部門別、個人別の情報を見ることができる。
　エクスペンス・トラッカーというツールでは、部門毎の経費の発生を１日毎に見ることができる。予算対比で見ることができるので、翌期の予算設定の重要な資料になる。
　他にも、シスコは製造業なので、製品群、製品毎の原価、利益情報を把握する、グロス・マージン・ブリッジと呼ばれるツールがある。
　このような情報提供ツールがもたらす便益は、ユーザー側だけではない。経理部門の人間を情報の仲介人、インフォメーション・ブローカーの役割から開放し、付加価値を生む分析等に仕事内容をシフトする効果をもたらす。
　従来は情報を必要とする人がその都度、経理部門に問い合わせ、

経理部門の人間はシステムから情報を引き出して、情報を必要とする人に渡していた。情報を必要とする人が増えたり、必要な情報量が増えたりすると、経理部門はその対応のために人員を増やさなくてはならなくなる。

新しい考え方では、むしろ経理部門の人間はCFPモデルの考え方でウェブツールを導入することで、情報を必要とする人が直接システムにアクセスして、情報を得られる環境を作る。ここにも経理部門の業務内容に大きな変化が出てくる。次に、ウェブツールには、社員がツールを使って作業するための作業ツールがある。

・旅費交通費、交際費などを精算するツール、

図4-5　情報提供ツールとしてのウェブツール

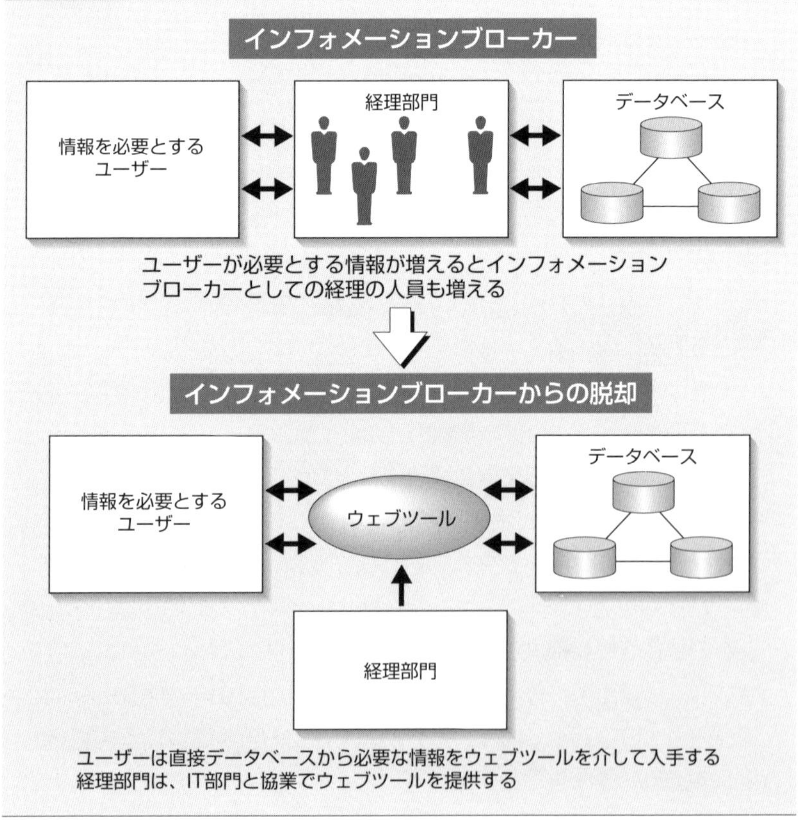

インフォメーションブローカー

情報を必要とするユーザー　↔　経理部門　↔　データベース

ユーザーが必要とする情報が増えるとインフォメーションブローカーとしての経理の人員も増える

インフォメーションブローカーからの脱却

情報を必要とするユーザー　↔　ウェブツール　↔　データベース
　　　　　　　　　　　　　　　↑
　　　　　　　　　　　　　経理部門

ユーザーは直接データベースから必要な情報をウェブツールを介して入手する
経理部門は、IT部門と協業でウェブツールを提供する

・日常業務で使う備品購入のツール
・人事評価を行うツール
・昇給を決定するツール
・ストックオプション行使のためのツール

など、多数のツールを使っている。

　なぜかと言うと理由は簡単で、経理部門とか人事部門とか購買部門等で、データの再入力の手間を省けるからである。さらに大事なのは、昇給を決定するツールに代表されるように、ウェブ上で人事部門から昇給のガイドライン、個人の成績評価、現在の給料水準、前回の昇給の時期、金額など、マネジャーが昇給を決定するために必要な情報がツールの中で提供されるので、情報に基づいた意思決定ができる点である。

　人事部門が一元管理している情報をマネジャーに開示することで、マネジャーに直接作業してもらい、それを受けて人事部門は調整作業を行う。人事部門の生産性は大きく向上する。

　旅費交通費の精算ツールを導入している企業は増えているが、各業務部門が積極的にCFPモデルで作業ツールの導入を進めれば、ホワイトカラーの生産性は大きく向上する。

■**改善に向けたレビュープロセス**

　最後の６つ目の構築要素として日本の製造現場で定着している改善活動を経理でも導入、定着させる。ともすれば、プロセスの改善より長時間働くことで物事を片付ける傾向が経理の現場にはありがちである。

　余談だが、日本では経理に限らずホワイトカラー全般に残業、週末も出勤することを美徳とする傾向がある。一時的にそのような時期があることは仕事に対する責任感、会社に対する忠誠心として評価されるが、それが定常的になっているとすれば大きな問題である。つまり、ホワイトカラーの生産性を向上しようとする意識、活動がない職場だからである。言葉だけではなく、真剣に生産性向上に取り組めば、定常的残業、毎週の週末出勤を「恥じ」と感じるはずで

ある。

4. 決算業務の効率を測定する指標

シスコでは、約120にも及ぶ決算業務の効率を測定する指標を持っている。1995年から2000年の間のバーチャルクローズに対する取り組みの中で生まれてきた指標である。測定指標を開発し、測定し、その改善にむけて忍耐強く取り組んでいく必要がある。経理の実務者向けに、幾つかシスコの例を紹介しよう。

- ・仕訳、伝票
    1．決算日後の仕訳、伝票の数──多いほど改善の余地がある
    2．手作業による少額の仕訳、伝票の起票──BPR、自動化のチャンス
    3．修正仕訳の数──最初から正しい仕訳をする
- ・決算時の就業時間

10時間以上の就業者の測定、週末出勤の有無等を把握し残業での解決を削減する

- ・業務の平準化

バッチ処理による業務量の大きな変動を避ける。日本では、月末締め、翌月末払いのように、取引を集積して後でまとめて処理するバッチ処理の習慣が根付いている。このようなバッチ処理の慣行は業務量の変動要因である。慣行にとらわれることなく業務量を平準化するにはどうしたらいいのか工夫が必要である。

- ・システムのランタイム

決算を迎えると何度もシステムで再計算する場合がある。言うまでもなく、作業量の改善の余地がそこにはある。再計算することになる原因を分析して、再計算の回数を減らす必要がある。

- ・プロセスごとの測定指標

買掛金、未払金、給与、旅費交通費、連結業務、売上認識、一般会計等のプロセスごとに効率を測定する指標を設定する。これは膨大な作業だが、まさにBPRの一環といえる。指標設定には十分な

時間とエネルギーをかけてプロセスごとに検討する。

・**決算後の定期的なレビュー**

決算後、関係者が集まり測定指標を見ながら、改善の進捗状況、課題について意見交換する。

以上、シスコの例をご紹介したが、このバーチャルクローズへの取り組みに5年近くの月日がかかった理由が理解いただけると思う。

5. バーチャルクローズのインパクト

最後に、バーチャルクローズを実現することで会社はどういう影響を受けたかをまとめてみる。

- ウェブツールで紹介したように、マネジャーに的確な情報を適時に提供することでマネジャーが責任のある意思決定ができる。従来はより上位のマネジャーでないと情報不足で決定できなかった経営上の意思決定を下位のマネジャーでもできるようになる。
- ファイナンス部門の仕事内容がより付加価値のある分析等にシフトできる。過去の数字の後追い、インフォメーション・ブローカーの役割から、生産性向上のためのツールの導入、分析といった付加価値の高い仕事に重点がシフトする。ウェブツールがないと、経理部門は他部門からの問い合わせへの対応に時間と労力を割くことになる。ウェブツールを導入してその時間を減らし、意思決定に役立つ情報提供にもっと時間を割けるようになる。
- 統合されたシステムによって信頼性の高い情報を共有できる。営業部門、製造部門、ファイナンス部門等がそれぞれ違うシステムから情報を入手し、その情報を受け渡したり、情報間の整合性の確認をしたりするような無駄な時間を使わなくてよくなる。
- 事務処理の効率化によりコストが下がる。データの再入力を削減し、生産性を上げることができる。

・会社の統合、合併、買収がスムースにできる。ネットワークと標準化されたシステムを持つことにより、異質の組織を組み込みやすくなる。買収、統合する会社の情報システムが自社と同じであることはまずない。ネットワークに乗せて、標準化されたシステムを導入することで、後々、同じアプリケーションを導入することができる。
・業績予想の信頼性が増し、投資家の期待に応えやすくなる。
・ファイナンス部門の肥大化を防ぐことができる。シスコの場合、ファイナンス部門の経費が売上高対比、1995年当時は2％であったのが、2000年には1.3％まで下がった。ファイナンス部門でのIT関連費用の部門経費全体に占める割合は1995年当時で4.5％であったが、2000年には11.8％まで増えた。CFPモデルの浸透によって人員増への抑制が働いている。

　以上、シスコシステムズのバーチャルクローズを紹介した。これは決して特殊な企業の例ではないことを認識すべきである。ネットワークの活用によって、今後5年以内には大半の企業でバーチャルクローズが実現されるようになるだろう。

第2部　基礎理論

第五章　管理会計とファイナンス部門の役割

第六章　意思決定に役立つ管理会計の基礎理論

第七章　経営管理に役立つ管理会計の基礎理論

第八章　社内収益性分析

第九章　管理会計の最新手法

第五章 管理会計とファイナンス部門の役割

1. 管理会計と財務会計

　まず、第2部のはじめに管理会計のイメージを簡単に持っていただくために、管理会計と財務会計を比較することから始めてみよう。最近書店に行くと、管理会計の本が増えてきたことに気づく。それでも、財務会計について書かれた本に比べると、その数はまだ相当に少ない。また、管理会計の本は、手にとって見ると、その内容が専門的、技術的で、興味を持つ人は少ないかもしれない。

　実は、歴史的に管理会計は製造業の中で発展してきたので、管理会計の考え方は今でも原価計算の本の中で触れられる事が結構多いのである。したがって、技術的に書くととても技術的になってしまう。古い話だが、私の場合も、管理会計を最初に学んだのは公認会計士の二次試験の一科目になっている原価計算論のなかでであった。

　ところが、当たり前のことだが管理会計は経営管理のツールであるから、製造業だけに役立つという訳ではない。製造業、サービス業、小売業、その他、業種を問わず経営あるところに管理会計は必要なのである。

管理会計、財務会計の特徴

経理に実務で携わっていない一般の方の中には、財務会計と管理会計の区別がつかない人が多いと思う。経理の実務に就いている方の中にも、管理会計、財務会計が渾然一体となり整理がつかない人もいると思う。同じ会計でもいろいろな側面で違いがあるので、この機会にそれぞれの特徴を明確にしておく。

・目的

会計の目的は情報提供にある。その点では管理会計、財務会計に違いはない。ただし管理会計は社内への情報提供を目的とする。その情報をもとに、社内の人間が、利益計画を立て、予算管理を行い、設備投資を計画し、その他、事業運営上の意思決定を行う。数値化した管理会計情報なくして会社経営は不可能である。

一方、財務会計は外部の利害関係者への情報提供、いわゆる情報開示、ディスクロージャーをその目的としている。会社が社会的存在である以上、より良い情報開示の工夫をし続けることは、永遠のテーマである。

・会計情報の利用者

管理会計情報は社内情報である。したがってその利用者は社内の管理職に就いている人達である。しかし、ITの発達により非管理職にある人でも管理会計情報を利用する環境ができてきたのが最近の動向である。立場、役割に違いがあるとはいっても、利用者は基本的には社内の人であるため、興味の幅も財務会計情報の利用者に比べれば狭いはずである。

一方、財務会計情報の利用者は、株主、債権者、税務署等に代表される会社の外部利害関係者になる。企業を取り巻く利害関係者は多岐にわたり、それぞれ興味が違うところにあることがしばしばである。債権者は通常債権保全の視点から、企業グループよりもむしろ個別の会社に興味が向く場合が多い。株主は、子会社、関連会社を含めた企業グループの業績、経営方針に目が向く。投資家は企業

グループの事業の将来性にもっと関心があるかもしれない。課税当局は、公平な課税を行う観点から、会社の会計情報の見方も当然違ってくる。

・枠組み

　管理会計は、あくまで社内目的に使うので、その目的にさえかなっていればいいのである。したがって、そこにルールはない。報告形式も必要に応じて自分で決めればよい。情報内容も時と場合により柔軟性を持つ。

　例えば、営業から生じる利益は、財務会計上は営業利益でみる。営業利益は、売上から売上原価を差し引いて求める売上総利益から、販売費、一般管理費などの経費を差し引いて求める。その際、財務会計では、売上の認識基準、売上原価の算定基準、販売費・一般管理費の範囲、販売費・一般管理費に含まれる経費の認識基準が公正なる会計慣行として制度上厳格に決まっている。この慣行に反する自分のルールで情報提供することは許されない。

　ところが、管理会計上の営業から生じる利益には定義はない。財務会計上の売上総利益から営業責任者が自分でコントロールできる特定の経費だけを差し引いて営業利益と社内で決めても一向に差し支えない。

　一方、財務会計には、当然外部の方々に会計情報を提供する以上、いろいろな約束事、ルールが必要になる。会計原則、商法、証券取引法、税法等の制度上の影響を受けることになる。制度会計といわれる所以である。

・時間軸

　管理会計は、経営意思決定に使うので未来志向を持っていると言えるのに対し、財務会計は、すでに起きた事象について情報提供するという意味で、過去にその時間軸を持つ。ただし、管理会計上も、もちろんすでに起こった過去の事象を数値化して掴み、それを基に意思決定を行うし、財務会計でも、年金会計、税効果会計などでは、

未来に対しある仮定を立てて情報提供するので、管理会計は未来、財務会計は過去と一概には言い切れない。

・重点

　管理会計は適時性を求められる。経営意思決定に社内の人達が使う以上、情報の適時性は非常に重要である。いくら正確で的を射た情報でも時を逸してはその情報としての価値に限界が出てしまう。世の中の変化が早い昨今、財務会計でも適時性を求められ、年次情報から、半期情報、そして四半期情報の提供が求められるようになってきた。

　それでも、どちらかと言えば、財務会計はよりその情報の正確さ、精緻さに重点が置かれるといえる。

・報告形態

　管理会計では、その都度、目的、用途に応じて報告形態に多様性がある。したがって、部門別、製品別のように、よりセグメント化して情報提供するケースが多い。情報内容も詳細に渡ることが多い。

　一方、財務会計は、外部目的である以上、会社全体をカバーして要約した形で情報提供をしなければならない。貸借対照表、損益計算書、キャッシュフロー計算書のように会社全体を把握できる報告形態になっている。

専門化した会計領域への取り組み方

　以上、財務会計と対比する形で管理会計の特徴を説明した。この2つの会計領域は、上記のような大きな違いを持つにも関わらず、従来日本では、会社によっては1つの経理部で、ある意味では中途半端に扱われてきたのではないだろうか。

　昨今、エンロンに代表されるように会計上の不祥事が多発している。企業活動は常に既存の制度に先行する。新しい企業活動が出てくるとそれを後追いする形で、会計基準、法律等の制度が修正されていくことになる。会社と利害関係者の利害調整にも時間がかかる。

制度だから穴もある。アメリカでは最近では、Ｍ＆Ａの結果として計上する営業権の会計処理、ストックオプションの会計処理等が話題になった。しかし、ストックオプションの会計処理についてはいまだに合意に至っていないのが現状である。

　ただ、はっきり言えることは、財務会計を取り巻く環境はより厳しくなり、その果たす役割への期待が高くなった。相次ぐ会計不祥事がもたらした皮肉な結果である。会社も以前より会計処理について神経質になっているし、監査法人、公認会計士の会計監査の緊張度が高くなった。専門性がどんどん高くなる財務会計領域を考えると、日本でもアメリカのように公認会計士がもっと一般企業の中で活躍するようになっても良いのではないかと、私は個人的には考えている。

　一方、管理会計を取り巻く環境も大きく変わってきている。世界不況の様相を呈している今日、企業は生き残りをかけてその事業活動を行っている。危機感を持ち、より速く動く必要性を感じている経営者が多くなっている。このようによりスピードが求められる昨今の経営環境のもとでは、的確な情報を適時に提供し会社の経営に役立てていく必要がある。管理会計の役割が以前にまして大きくなっているといえるだろう。

　また、今後、大会社でなくても、世界市場でビジネスをする会社がますます増えていく。幸い、会計は世界共通語なので、その利点を最大限活用していくべきである。

　この財務会計と管理会計それぞれの重要性を踏まえて、会社内でそれぞれの担当責任者を明確に分けるなどの体制を整え、中途半端にではなく、本腰を入れて取り組む必要があるのではないだろうか。

2．ファイナンス部門の役割

　前項で述べたように、管理会計は社内への情報提供を目的とする。社内の人間が事業運営上の意思決定を行う上で、数値化した管理会計情報は不可欠である。同様に、財務会計は外部の利害関係者に情報を提供することで、外部の利害関係者の意思決定に役立っている。

このように重要な役割を担うのがファイナンス部門である。会社は多様なスキルを持つファイナンス・スタッフを採用し、多岐にわたる役割、権限を付与している。

最近は日本でもCFOという肩書になじみが出てきているように、ファイナンス部門の果たす役割が見直されてきている。従来日本では財務会計、資金管理に代表されるファイナンス部門の普遍的な役割の一部がファイナンス部門の役割として強調されすぎてきたきらいがあるようである。

しかし、私はファイナンス部門の役割には、経営環境により変わる役割と普遍的な役割の両方があると捉えている。

経営環境により変わるファイナンス部門の役割

会社の置かれている経営環境によって、CEOがファイナンス部門に期待する役割は大きく変わってくる。例えば、会社の事業が多角化していて、各事業部門がそれぞれ損益責任を持つ場合、事業部のファイナンス部門の長になるCFOは、事業部の損益について事業部の最高経営責任者と共同責任を持つことが期待される。

会社が変革期を迎え、大きく会社を変えようというときには、チェンジ・エージェントとして期待される場合がある。そのような局面では、CFOはCEOの右腕と位置付けられる。チェンジ・エージェントとは文字通り社内の業務改革推進の請負人のことである。また、大きな事業チャンスがあり、CEOが営業の後押しに注力している局面では、会社の内側を守るという意味で、女房役としての役割が期待される。経営者によっては、自分を政治家、CFOを官僚に例える場合がある。他にも、CEOを船長、CFOをナビゲーターに例えることもある。

おそらくほとんどのCEOはCFOに対して、少なくともスコアキーパー、補佐役としての役割を期待しているのではないだろうか。経営者の期待するところによって変わるファイナンス部門の役割については、すでに、ペプシコとシスコシステムズでの私の経験のところで述べた。

普遍的なファイナンス部門の役割

次に、ファイナンス部門の普遍的な役割を見てみよう。

ファインス部門は通常、コントローラーシップ（Controllership）とトレジャリー(Treasury)の役割、そして監査機能(Audit)を担う。

私が日本語にする時いつも困るのが、まずファインスという言葉である。一般的には、財務と訳すのであるが、日本語で財務というとむしろ英語のトレジャリー（Treasury）に対応する。混乱しないように文脈で使い分ける必要がある。

コントローラーとトレジャラーの役割分担

・コントローラーの役割

●財務会計

財務諸表を作成する。会計基準、報告基準の深い理解が必要になる。

●税務

単に各種税金の計算、申告、納税だけではなく、特に多国籍企業の場合はタックス・プランニングが重要になる。

●管理会計

財務計画（企画）、財務分析、各種マネジメント・レポーティング、設備投資。

●予算

予算設定、予算管理に責任を持つ。地域別、事業別、製品別の損益計算書等のマネジメント・レポーティングをデザインする。

・トレジャラー（Treasurer）の役割

●キャッシュマネジメント

資金計画、資金管理を行う。

●外国為替リスクの管理

外国為替リスクを把握し、ヘッジの手当てをする。

●リスク管理

会社が事業を行う上でのリスク全般を把握し、保険等でリスクをカバーする。
●資金、資本計画
銀行借り入れによる間接金融、社債、株式発行等による直接金融により会社の必要資金を調達する。他人資本、自己資本のバランスをとり資本計画をする。

・監査機能
●内部監査の主体になり、公認会計士による外部監査を受ける。
多くの人がコントローラーとトレジャラーの役割を混同しがちだが、以下のように捕らえるといいだろう。
会社が取引を行うと、会計上のインパクトと、資金上のインパクトが生じる。前者の会計上のインパクトを見るのがコントローラーであり、後者の資金上のインパクトに注意を払うのがトレジャラーである。会計では、より確実な利益を捕捉する為に、収益はより確実になった時点で認識し、費用は早めに発生した時点で認識する。このような考え方を保守主義の原則と言う。収益は実現した時点で認識し、費用は発生した時点で認識する。それぞれ、会計用語では、実現主義、発生主義と呼んでいる。現金主義と呼ばれる現金の出入りで費用、収益は認識しない。その結果、会計上の費用収益の認識と、現金の動きは一致しなくなる。そこで、トレジャラーは常に現金の動きに注意を払わなければならない。

ファイナンス部門の組織

ファイナンス部門の組織の在り方は、その期待される役割によって変わるのだが、ここでは、前述した普遍的な役割に合わせて一般的なファイナンスの組織をデザインしてみる（図5－1参照）。
私はある程度の規模の会社、特に上場している会社の場合は、コントローラーの役割を大きく2つに分けたい。1つは、財務会計、税務に責任を持つコントローラー、もう1つは、管理会計に責任を持つコントローラーである。予算責任を持つ後者のコントローラ

図 5-1 ファイナンス部門の組織

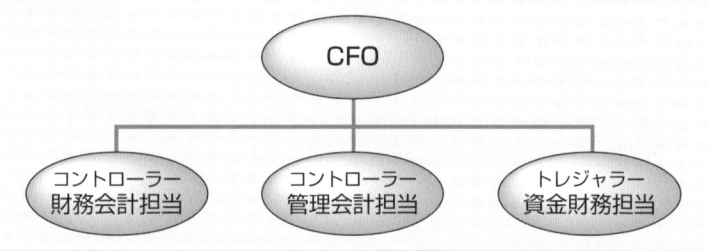

ーと、予算責任を持たない前者のコントローラーをここでは分けている。

また、管理会計に責任を持つコントローラーの役割を、何人のコントローラーで責任分担するかは、会社の規模、状況、複雑性によって変わる。会社が成長期にあり、営業に大きく会社の資源を投入している会社では、セールス・コントローラーが独立してもいい。

図 5-2 ファイナンス部門の組織（セールス・コントローラーが独立）

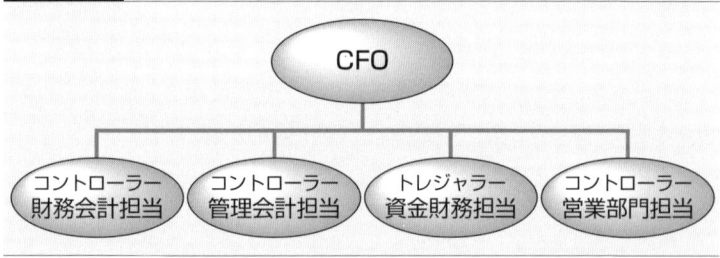

また、海外事業も行っている場合は、海外のコントローラーが本社のCFOにレポートするケースと、本社のコントローラーにレポートするケースが考えられる。海外の事業規模、中央集権の水準、人材等のポイントを総合的に考慮して決定すべきである。

少なくとも上場会社は、コントローラーの仕事を、財務会計、税務に責任を持つコントローラーと、管理会計に責任を持つコントローラーに分けるべきだと指摘した。その理由は、まず、財務会計は直接金融化が進む中で、ますますその専門性が増しているからであ

る。昨今のエンロン事件、ストックオプションをめぐる会計基準等でもそれは明らかである。

　一方、会社を経営する上で、管理会計情報は大変重要である。特にスピード、グローバル化が求められる昨今の経営環境のもとでは、コントローラーが事業責任者と密接に仕事を進めていく必要がある。管理会計に責任を持つコントローラーは事業責任者とともに事業運営上必要な管理会計情報を確認し、その情報を財務担当のコントローラーに依頼して定期的に入手できるようにする。

　このような財務会計、管理会計の両方を一人のコントローラーが担うのは荷が重い。しかしながら、管理会計と財務会計は表裏一体の関係にあるので、一部の日本の会社にあるように、経営企画部門とか営業部門に管理会計の責任を持たせるのは避けるべきである。思わぬ財務会計上の誤算を招きかねない。常に財務会計上、つまり対外的な財務報告への影響を見極めながら事業運営、管理会計を行っていくべきである。

第六章 意思決定に役立つ管理会計の基礎理論

　経営においてはさまざまな意思決定が行われる。この章では、採算を踏まえた新製品投入、価格決定などに焦点を当てて、意思決定に役立つ代表的な管理会計手法である損益分岐点分析を学ぼう。

1. 原価の性質、損益分岐点分析

　原価の性質を理解するのが最初のステップである。その理解を踏まえて、原価、数量、利益の関係を分析する損益分岐点分析について説明する。

　まず、以下の簡単な疑問をもつことから始めよう。そして、原価の性質、会社の費用構造について基本的な理論を学ぶことで、その答えを見出そう。

　「日本の有力企業が当初、黒字を予想していたのに売上高予想の下方修正をした結果、大幅赤字が見込まれる。そんなに大きいとは思えない売上高の下方修正がなぜ大きな赤字に結びつくのか？」

　「最近、日本はバランスシート不況だと言われている。企業は借入金の返済に努めている。銀行が融資をしたいような優良企業はお金を借りようとしない。なぜそんなに躍起になって借入金を返済しようとするのか？」

「2002年8月に期間限定でマクドナルドがハンバーガーを59円で販売した。果たして採算はとれるのか？」

コストドライバー、変動費、固定費

原価を発生させる要因をコストドライバーと言う。例えば、売上高が増えるとそれに伴い費用が増える。生産量を増やすとそれに伴い費用が発生する。この例では、売上高、生産量がそれぞれコストドライバーになる。

変動費とはコストドライバーのレベルが変化する時にそれに伴い変化する性質を持つ費用である。それとは対照的に、コストドライバーのレベルが変化しても直ぐには影響を受けない性質を持つ費用が固定費である。次ページ図6－1を見てもらいたい。

変動費、固定費の違いなんて感覚的にわかるのに、なぜこんな説明をするのかと思う方もいると思う。しかし、長期的にはすべての費用が変動費だからこんな説明になるのである。固定費の代表格のように言われる減価償却費も長期的には固定資産の購入額をコントロールすることで変動費たりうる。ここで、適格レンジ（Relevant Range）の概念を知っておく必要がある。まず、図6－1の下図を見てもらいたい。

固定費とはコストドライバー（ここでは生産量）のレベルが変化しても直ぐには影響を受けない費用と定義したが、適格レンジとはコストドライバーと費用との関係が変わらない範囲のことである。

採算の分かれ目―損益分岐点分析

変動費、固定費の説明をしたが、次に、収益－費用＝利益＝0、つまり利益がゼロになるポイント、すなわち採算の分かれ目の計算をしてみる。ここでは、収益がコストドライバーで、変動費、固定費はそれぞれコストドライバーとの関係が変わらない適格レンジで話を進める。

あるオーディオの販売店がDVDプレーヤーをメーカーから仕入れて販売するケースを見てみよう。

図6-1 原価の性質

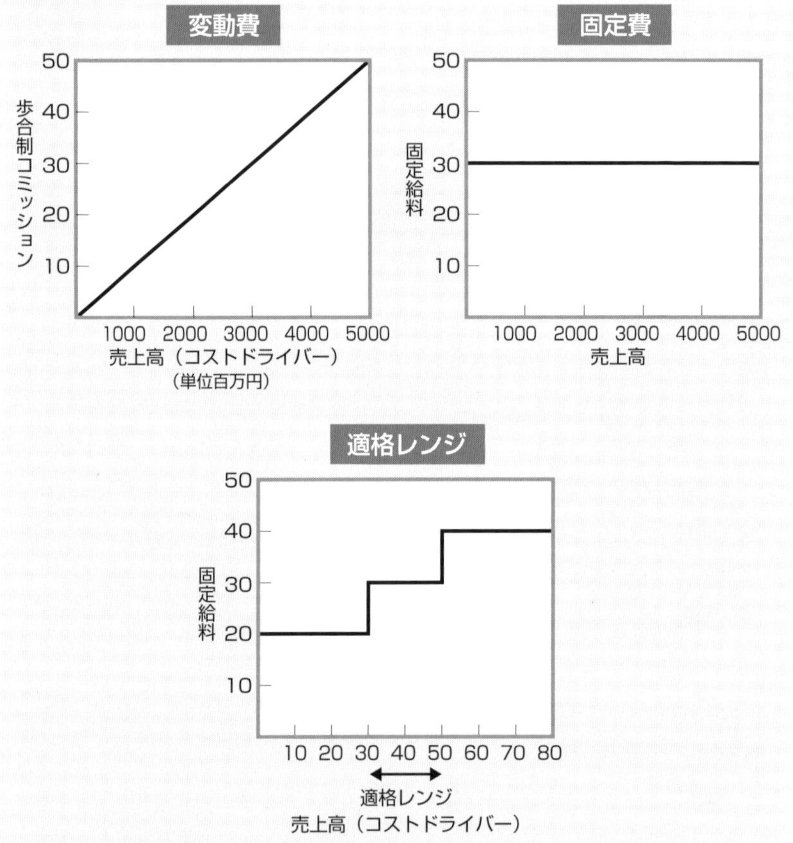

販売価格　10万円　100％
メーカーからの仕入値　5万円　50％
家賃、従業員の固定給等の、月々の固定費が100万円

　とすると、いったい何台のDVDプレーヤーを売り、いくらの売上高を達成すると赤字を避けられるのだろうか？
　その答えを出す前に、まず貢献利益（Contribution margin）の概念を説明しよう。貢献利益とは、売上から変動費だけを差し引いた利益である。ここでは、DVDプレーヤー販売価格10万円か

ら、仕入値５万円（変動費）を差し引いた額が、DVDプレーヤー一台当たりの貢献利益になる。

月々の固定費100万円を、DVDプレーヤー一台当たりの貢献利益で割ることで、損失、利益がゼロ、つまり採算の分かれ目の販売台数をもとめることができる。

固定100万円／一台当たり貢献利益５万円＝20台

20台のDVDプレーヤーを売るとこの販売代理店は赤字にはならないが利益も出ないということになる。損益分岐点を販売数量ではなくて売上高で求めるときは、固定費を一台当たりの貢献利益率で割る。貢献利益率は、貢献利益を販売価格で割った率である。

貢献利益率＝貢献利益（５万円）／販売価格（10万円）＝50％

売上高で求めた損益分岐点＝固定費100万円／一台当りの貢献利益率50％＝200万円が損益分岐点になる。ここで、損益分岐点をグラフ化してみよう（図６−３、図６−４参照）。

このDVDプレーヤーは、販売台数20台、売上高200万円のところに損益分岐点がある。

経営上は、売上高から変動費を差し引いた貢献利益で固定費を回

図６−２　貢献利益

	売　　　　上　　　　高
−	直　接　変　動　原　価
	製　造　限　界　利　益
−	間　接　変　動　原　価
	限　　界　　利　　益（注）
−	管　理　可　能　固　定　費
	貢　　献　　利　　益
−	管　理　不　能　固　定　費
	純　　利　　益

（注）これを貢献利益と呼ぶこともある

収していくイメージがある。同じ損益分岐点を貢献利益率で描き直すと、そのイメージがつかめるだろう。損益分岐点は図6－3の下段のようになる。

さらに、固定費に目標利益をプラスすることによって、その目標利益を達成するために必要なDVDプレーヤーの販売台数と売上高を計算することができる。

（固定費100万円＋目標利益100万円）／貢献利益率0.5＝400万円
同様に、
（固定費100万円＋目標利益100万円）／一台当たり貢献利益5万円＝40台
目標利益を達成するためには、販売台数40台、売上高400万円を達成しなければならないことになる。

会社の費用構造

次に会社の費用構造を単純な例で考えてみる。架空の飲料メーカーと清掃会社を想定してみよう。

10万ケースの飲料を1ケース100円で販売、変動費は1ケース当たり30円の飲料メーカー
10万平方メートルのスペースを100平方メートル当たり100円で清掃、変動費は100平方メートル当たり70円の清掃会社

貢献利益率（＝貢献利益／売上）はそれぞれ70％と、30％になる。
仮に10％収益が増えると、どちらの会社も収益は100万円増加するが、貢献利益は飲料メーカーの場合70万円、清掃会社の場合30万円増える。つまり、貢献利益率が相対的に低い清掃会社の場合、飲料メーカーと同じ利益を出すにはよりボリュームを稼ぐ必要があるのである。

オペレーティングレバレッジ

　会社の費用構造で固定費の占める割合が変動費に比べて相対的に高い場合をオペレーティングレバレッジが高いという。オペレーティングレバレッジが高い会社は売上高の変動の影響が利益に大きく跳ね返る。6－3図で見てみよう。

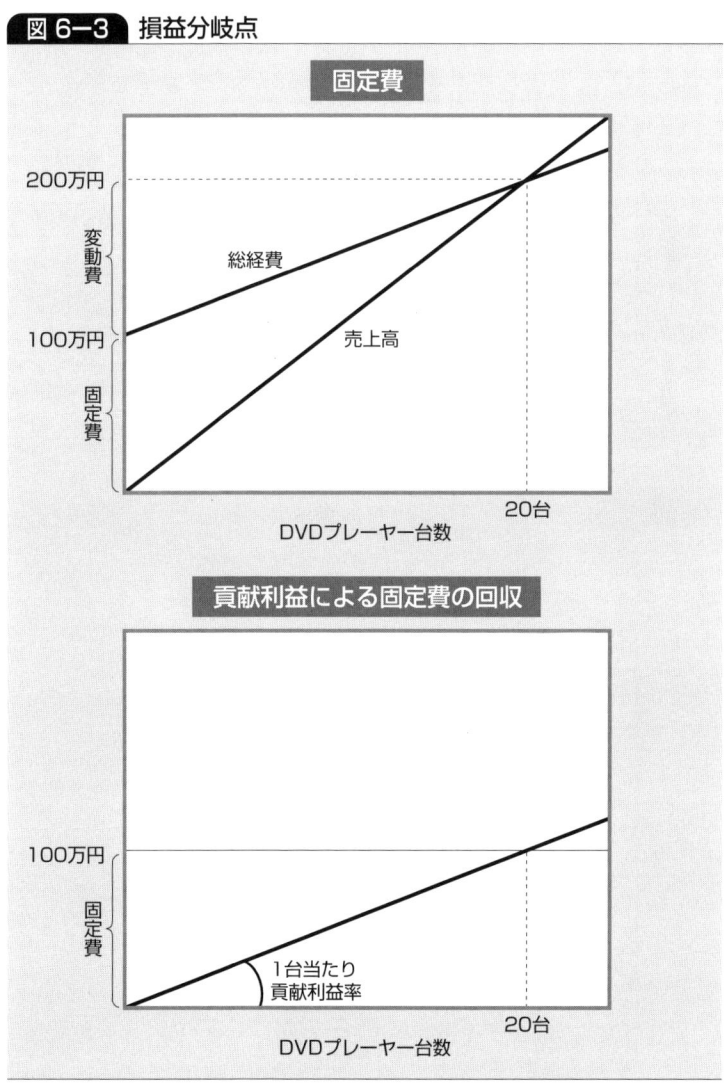

図6-3　損益分岐点

オペレーティングレバレッジが高い会社Aも、低い会社Bも売上ユニットが100のとき、同じ利益が出ているが、ユニット数が120に増えるとA社はB社より利益が大きく出てくる。逆に80ユニットに減少するとA社は利益がゼロになるのに対し、B社は依然として利益が出る。

図6-4 損益分岐点

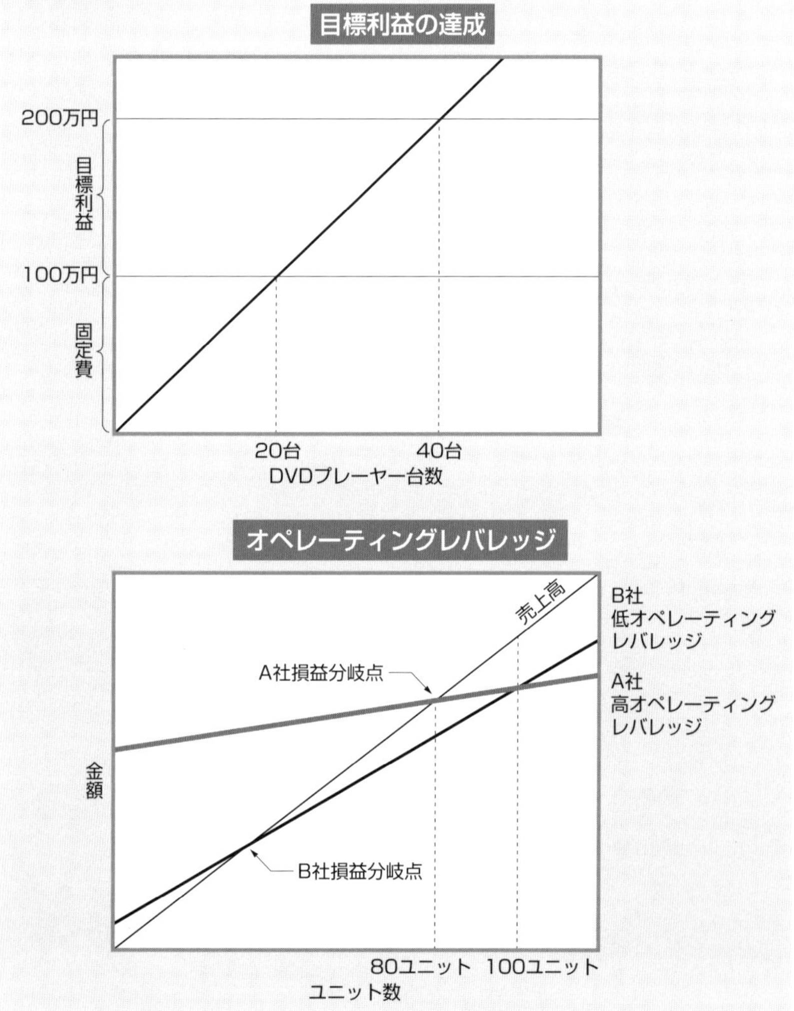

ここまでの説明で、この章の冒頭で引き合いに出した最初の２つの疑問に対する答えが見つかるのはお分かりだろうか。

「日本の有力企業が当初、黒字を予想していたのに売上高予想の下方修正をした結果、大幅な赤字が見込まれている。なぜ売上高の下方修正が大きな赤字に結びつくのか？」

「最近、日本はバランスシート不況だと言われている。企業は借入金の返済に努めている。銀行が融資をしたいような優良企業はお金を借りようとしない。なぜそんなに躍起になって借入金を返済しようとするのか？」

最初の有力企業は、会社の費用構造に占める固定費の割合が高い、つまりオペレーティングレバレッジが高いため、売上が下がると大幅に利益が振れ赤字になってしまう構造になっているのである。

二番目の景気の先行きに不安を持っている会社は多少売上がダウンしても簡単に赤字にならないように、固定費を減らそうと努力している。つまり借入金を返済して金利負担を減らそうとしているのである。

特別注文―スペシャルセールスオーダー

DVDプレーヤーの製造販売をしているHONDA COMPANYを想定してみよう。

販売価格一台10万円、製造原価5万円のDVDプレーヤーを100台製造販売しているがそこにさらに100台、販売価格が4万円の特別注文の引き合いがある。しかし、4万円では原価の5万円を割ってしまい採算がとれない。この特別注文は追加で販売費が発生しないこともあり、100台の注文はそのまま諦めるのは惜しい気がする。できたら受注したいのだが。

このケースでは、一台当たりの製造原価5万円をそのまま反映して損益計算をすると以下のようになるが、実はこの分析は計算上正しくないのである。

HONDA COMPANY
自2002年1月1日至12月31日

	100台	特別注文100台	合計
売上高	¥10,000,000	¥4,000,000	¥14,000,000
売上原価	¥5,000,000	¥5,000,000	¥10,000,000
売上総利益	¥5,000,000	¥-1,000,000	¥4,000,000
販売費及び一般管理費	¥3,000,000		¥3,000,000
営業利益	¥2,000,000	¥-1,000,000	¥1,000,000

　正しい分析のためには、HONDA　COMPANYの変動費、固定費の費用構造を知る必要がある。そして貢献利益に着目しなければならない。

HONDA COMPANY
自2002年1月1日至12月31日

		100台		一台当たり
売上高		¥10,000,000		¥100,000
売上原価	変動製造原価	¥2,500,000		¥25,000
	固定製造原価	¥2,500,000	計¥5,000,000	¥25,000
売上総利益		¥5,000,000		¥50,000
販売費及び一般管理費	変動費	¥1,500,000		¥15,000
	固定費	¥1,500,000	計¥3,000,000	¥15,000
営業利益		¥2,000,000		¥20,000

　販売費に影響がないこのケースでは、特別注文の一台当たり貢献利益は販売価格4万円から変動製造原価2万5千円を差し引いた1万5千円としなければならない。したがって、100台売ると150万円の利益を生むことになる。
　以上2つの分析の違いは明らかに固定製造原価の取り扱いから生じている。固定製造原価は予算上250万円が予定されている。それを予定販売台数100台で割ると1台あたりの固定製造原価は2万5千円になる。あたかも原価計算上は固定製造原価が変動費であるかのように計算される。ここに原価計算のトリックがある。
　したがって、確かに1台当たりの製造原価は5万円なのだが、

HONDA COMPANY
自2002年1月1日至12月31

	100台	特別注文100台	合計
売上高	¥10,000,000	¥4,000,000	¥14,000,000
変動製造原価	¥5,000,000	¥2,500,000	¥7,500,000
貢献利益	¥5,000,000	¥1,500,000	¥6,500,000
固定製造原価	¥3,000,000		¥3,000,000
販売費及び一般管理費	¥2,000,000	¥1,500,000	¥3,500,000

意思決定上は1台当たりの貢献利益を持って分析する必要があるのである。

新製品の投入、既存製品の販売中止

ここでまたDVDプレーヤーの販売店に登場してもらおう。この販売店はHONDA製、TOYOTA製のDVDプレーヤーを、現在それぞれ10台売っている。

		HONDA	TOYOTA	合計
売上高		¥1,000,000	¥1,000,000	¥2,000,000
売上原価		¥600,000	¥700,000	¥1,300,000
変動販売費		¥200,000	¥200,000	¥400,000
貢献利益		¥200,000	¥100,000	¥300,000
固定費				
	回避可能固定費	¥100,000	¥80,000	¥180,000
	回避不能固定費	¥50,000	¥50,000	¥100,000
営業利益		¥50,000	¥-30,000	¥20,000

ここでも財務会計上の損益計算書ではなくて管理会計上の損益計算書を使うことになる。TOYOTA製のDVDプレーヤーは10万円の貢献利益を生んでいるが、固定費まで計算に入れると赤字になってしまう。それでは、TOYOTA製のDVDプレーヤーの販売を中止したらどうなるか？

図6−5 原価計算のトリック

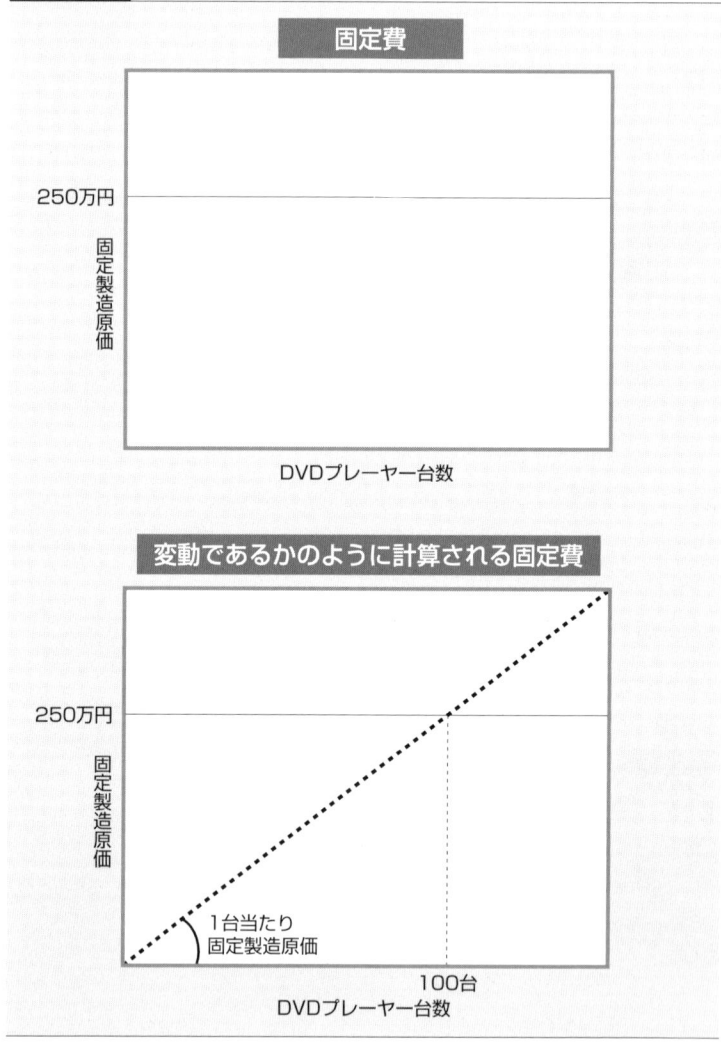

　ここで、また新しく回避可能固定費と回避不能固定費という概念を紹介しよう。TOYOTA製のDVDプレーヤーの回避可能固定費とは、文字通りTOYOTA製のDVDプレーヤーを販売中止することで発生しなくなる固定費である。もし月額固定でTOYOTAに何らかの支払いをしていれば、それは販売中止することで発生しなく

		販売中止前（A）	TOYOTA製DVDプレーヤー販売中止（B）	販売中止後（A）-（B）
売上高		¥2,000,000	¥1,000,000	¥1,000,000
売上原価		¥1,300,000	¥700,000	¥600,000
変動販売費		¥400,000	¥200,000	¥200,000
貢献利益		¥300,000	¥100,000	¥200,000
固定費：				¥0
	回避可能固定費	¥180,000	¥80,000	¥100,000
	回避不能固定費	¥100,000		¥100,000
営業利益		¥20,000	¥20,000	¥0

なる固定費である。

一方、ショールームの減価償却費は販売中止してもいなくてもいずれにしても発生する回避不能固定費の例である。

上記分析によると、TOYOTA製のDVDプレーヤーの販売を中止すると、貢献利益から回避可能固定費を差し引いた2万円だけ利益が減ってしまい、中止しなければ実現する2万円の利益がゼロになってしまう。それでは、販売をこのまま続けた方がいいのだろうか？

販売中止することで余裕ができたショールームのスペースで今まで取り扱っていなかったNISSAN製のDVDプレーヤーの販売を開始したらどうなるだろうか？

NISSANは新規の販売ルートが欲しかったので魅力的な卸値、5万円を提示してきた。10台の販売を見込むと以下の損益計算になる（次頁の上段の表参照）。

TOYOTA製のDVDプレーヤーは確かに利益貢献があったのだが、それを販売中止して新たにNISSAN製の製品を投入することで、営業利益が2万円から10万円に増加した。

	TOYOTA製DVD プレーヤー 販売中止前(A)	TOYOTA製DVD プレーヤー 販売中止(B)	NISSAN製DVD 販売開始(C)	合計 (A)-(B)+(C)
売上高	¥2,000,000	¥1,000,000	¥1,000,000	¥2,000,000
売上原価	¥1,300,000	¥700,000	¥500,000	¥1,100,000
変動販売費	¥400,000	¥200,000	¥300,000	¥500,000
貢献利益	¥300,000	¥100,000	¥200,000	¥400,000
固定費：				
回避可能固定費	¥180,000	¥80,000	¥100,000	¥200,000
回避不能固定費	¥100,000			¥100,000
営業利益	¥20,000	¥20,000	¥100,000	¥100,000

　ここでまたHONDA　COMPANYに目を向けよう。製造業を営む以上、製造キャパシティーの制約を受ける。生産量を一気に増やすことは出来ない。HONDA　COMPANYではファンシーDVDプレーヤーと平凡DVDプレーヤーを製造している。貢献利益の絶対額はご覧のようにファンシーの方が高い。DVDプレーヤーの需要が限られているなら、できるだけファンシーを製造販売したほうがHONDA　COMPANYの利益を極大できる。

	ファンシー	平凡
販売価格	¥100,000	¥20,000
変動費	¥70,000	¥10,000
貢献利益	¥30,000	¥10,000
貢献利益率	30%	50%

　制約要因（limiting factor）が需要ではなくてHONDA COMPANYの製造キャパシティーであり、それが月1000時間だとしよう。

	ファンシー	平凡
1時間当たり製造台数（A）	2	7
1台当たり貢献利益（B）	¥30,000	¥10,000
1時間当たり貢献利益（A)*(B)	¥60,000	¥70,000
1000時間の貢献利益	¥60,000,000	¥70,000,000

この分析では、需要が制約要因ではなく、製造キャパシティーが制約要因になると結論が逆になる。そして、平凡DVDプレーヤーをむしろ積極的に売っていくべきということになる。

価格決定

　商売をしている以上、販売価格の決定は言うまでもなく重要である。経済理論上は、需要曲線、供給曲線が交わるところで価格が決まるのだが、1企業に過ぎないHONDA　COMPANYには需要曲線は描けない。そこで、自社のコストに基づいてコストプラスで価格提案し顧客からの引き合いを見ていく。その結果として需要曲線、供給曲線が交わるところで価格が決まる。

　コストプラスで目標価格を見てみる。

目標価格	¥100,000
変動費：	
製造原価　（A）	¥50,000
販売費及び一般管理費	¥10,000
変動費合計　（B）	¥60,000
固定費：	
製造原価（1台当たり¥10,000）	¥10,000
販売費（¥10,000,000）	¥10,000
フルコスト　（C）	¥80,000
目標営業利益	¥20,000
製造原価　（D）	¥60,000
（変動製造原価と固定製造原価の合計）	

　原価（コスト）といっても、いろいろな原価がある。
（A）　変動製造原価
（B）　変動費合計
（C）　フルコスト（製造原価プラス販売費）
（D）　製造原価

が一般的に用いられるものである。

上記のように変動費、固定費に分解して原価を階層的に理解していると正確な分析に役立つ。

図6-6　いろいろな原価

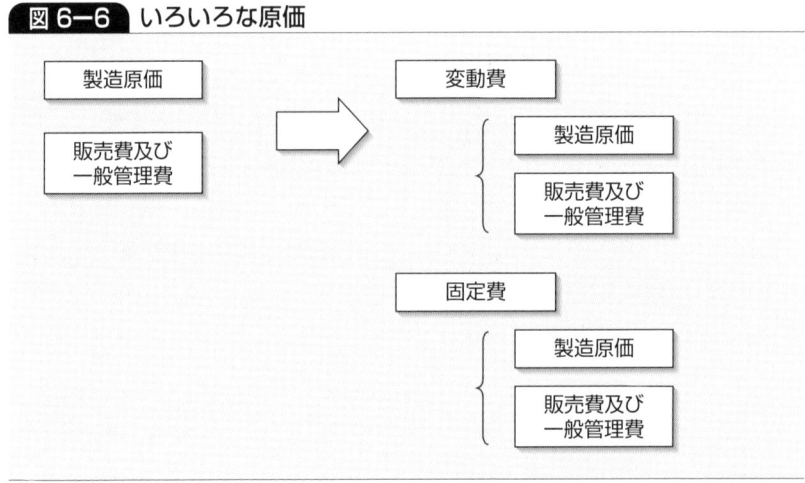

仮に、階層的に原価を把握していないで、フルコスト8万円で原価を掴んでいるとしよう。その場合、販売台数が900台、1000台、1100台で、それぞれ利益を以下のように試算することになる。

販売台数	900	1000	1100
売上高　1台10万円	¥90,000,000	¥100,000,000	¥110,000,000
フルコスト　1台8万円	¥72,000,000	¥80,000,000	¥88,000,000
営業利益	¥18,000,000	¥20,000,000	¥22,000,000

原価構造を階層的に把握していれば、以下の分析になる。900台売る時の利益の試算が1800万円から1600万円に落ち込む。

販売台数		900	1000	1100
売上高	1台10万円	¥90,000,000	¥100,000,000	¥110,000,000
変動費	1台6万円	¥54,000,000	¥60,000,000	¥66,000,000
貢献利益		¥36,000,000	¥40,000,000	¥44,000,000
固定費		¥20,000,000	¥20,000,000	¥20,000,000
営業利益		¥16,000,000	¥20,000,000	¥24,000,000

　前にHONDA　COMPANYが100台の特別注文を受けるべきか否かの分析をした。原価を階層構造で、貢献利益ベース25,000円、製造原価ベース50,000円で把握している場合、全体像を見ながら特別注文を受けるかどうかの結論を出せる。

特別注文100台、1台4万円

	貢献利益ベース	製造原価ベース
売上高	¥4,000,000	¥4,000,000
変動製造原価　1台25,000円	¥2,500,000	
総製造原価　1台50,000円		¥5,000,000
営業利益への影響額	¥1,500,000	¥-1,000,000

　このように書くと、変動費で原価をとらえ貢献利益で意思決定をするのが常に正しいように見える。しかし、実務においては必ずしもそうではない。

- 固定費も長期的にはコントロールが可能であり、その回収を含めて価格設定したい
- 会社経営の安定のためには固定費まで含めたフルコストをベースに価格設定したい
- 経営者は変動費をベースに価格設定することによりもたらされる過当競争を嫌う
- 変動費をベースに価格設定すると利益にプレッシャーがかかり、内部留保がつくれず経営基盤が不安定になる

等の理由で、フルコストベースまたは製造原価ベースで原価を捕らえコストプラスで価格設定する事が多い。

また、入札案件の場合、原価を階層的に把握しておくことで、価格の下限を変動費に設定し、その下限と目標価格との間の価格で入札することになる。ここまで説明すると、マクドナルドの59円ハンバーガーの意味合いも見えてくる。59円は変動費を超えるがフルコストに満たない金額と推測できる。

よく赤字で商品を売るという話を聞く。その時は、ほとんどの場合、変動費はカバーするが製造原価またはフルコストまではカバーしないという意味で赤字なのである。これは、よく覚えておくとよいだろう。

2. 意思決定への活用－差額原価収益分析

この項では短期の意思決定に役立つ管理会計手法について学ぶ。短期の意思決定とは、意思決定の影響、結果が短期間で表れる意思決定である。その代表的な管理会計手法が、選択肢により収益、原価、利益の差額を比較し有利な選択を行う差額原価収益分析である。

差額原価収益分析というと技術的に聞こえるが以下の身近な例でもその手法を活用できる。

「やっと10年の月日をかけて住宅ローンを払い終わった。今後は金利を払わないでよくなる」

「または、ラッキーにも親から家を相続して家賃がただである。なにしろただなのだから他に引っ越すなんてもったいない」

「10万円という大金をはたいてコンサートチケットを買った。ところがコンサートの当日に応援している母校の野球部が甲子園で決勝に進むことになりテレビで是非応援したい。10万円という大金さえ払っていなければテレビで母校を応援するのだが、チケットを買ってくれる人もいなかったのでコンサートに行くことにした」

「会社ではメインフレーム・コンピュータシステムに過去5億円という金額を投資した。この10年でITが大きく進歩して、将来

のコストを見ればオープンシステムに移行した方が良い。しかし、コンサートチケット同様、これまでに投資した金額が金額である。やはりこれまでのシステムをだましだまし今後も使うことにした」

　もし上記のように思考するなら差額原価収益分析について理解を深める必要がある。

関連情報と非関連情報

　差額原価収益分析を理解する前提として、関連情報、非関連情報を理解する必要がある。いくつかの選択肢がある時、どれかを選ぶ際に考慮すべき情報を関連情報という。一方、選択にあたって考慮に入れなくていい情報を非関連情報という。なぜ敢えてこんなことを言うかというと、意外と現実的局面ではこの区別は難しいからである。

　まずは、簡単な例を挙げてみる。

差額原価、差額収益、機会費用

　あなたがインターネットのホームページをデザインするウェブデザイナーだとしよう。現在あるデザイン事務所に勤務していて年収500万円である。実は今独立しようかどうか迷っているところである。もし独立すれば収入は1千万円に増えるが、かわりに400万円の経費も発生する。

	デザイン事務所勤務	独立	差額収益（原価）
収入	¥5,000,000	¥10,000,000	¥5,000,000
経費	¥0	¥4,000,000	¥4,000,000
差し引き	¥5,000,000	¥6,000,000	¥1,000,000

　デザイン事務所勤務と独立の選択肢で、収入の差が500万円、経費の差が400万円になり差し引き100万円だけ独立することで収入が増える。選択肢での収益の差を差額収益、経費・原価の差を差額原価という。

　これを、機会費用に置き換えると、デザイン事務所をやめること

				独立
収入				¥10,000,000
経費	出費		¥4,000,000	
	機会費用		¥5,000,000	¥9,000,000
差し引き				¥1,000,000

で失う給料500万円が独立する選択肢を選んだ場合の機会費用になる。つまり、他にもっと良い選択肢があればその選択をしないことで失うことになる利益が機会費用である。

住宅ローンの話を思い出そう。住宅ローンを完済すると確かに銀行からの利息の請求はなくなる。しかし、機会費用は発生するかもしれない。家を売却し投資ファンドに投資して金利収入を得て、家賃を払いマンションに住む選択肢もある。もし後者の方が得であれば、実は本来稼げる金利を失う意味で機会費用として金利を払っていることになる。

都心の繁華街にどういうわけか昔からの一軒家を見かけることがある。まわりは、どう見ても住宅街ではないのにである。ラッキーにも親から家を相続して家賃がただなのではなくて、高額の機会費用を払ってそこに住んでいるのである。

差額原価収益分析ではこのような機会費用まで考慮することになる。

回避可能原価

ここで、AVメーカーのHONDA COMPANYに再び登場してもらい、自製か社外購入かの選択をしなければならない場合を考えてみよう。

HONDA COMPANYパーツの原価

	製造原価 1000ユニット分	1ユニット当たり 製造原価
直接材料費	¥3,000	¥3
直接労務費	¥5,000	¥5
変動製造間接費	¥4,000	¥4
変動製造原価	¥12,000	¥12
固定製造間接費	¥8,000	¥8
総製造原価	¥20,000	¥20

　自製するとパーツ1ユニット当たりの製造原価は20円、外部から購入すると15円だとする。単純に総製造原価から固定製造間接費を差し引いた変動製造原価12円と15円を比較しただけでは結論は出せない。固定製造間接費8000円のうち2000円は製造しないなら削減できる費用だとしよう。そうすると、この選択における関連情報は以下のようになる。

HONDA COMPANYパーツの原価

	製造原価 1000ユニット分	1ユニット当たり 製造原価	社外購入
直接材料費	¥3,000	¥3	
直接労務費	¥5,000	¥5	
変動製造間接費	¥4,000	¥4	
回避可能固定製造間接費	¥2,000	¥2	
総製造原価	¥14,000	¥14	¥15

　このケースでは自社製造する方が社外購入よりパーツ1ユニット当たり1円得する。製造業では製造キャパシティーに余裕があるかが常に問題になるので、ここでは前提として製造キャパシティーに余裕があると想定している。
　このように差額原価収益分析では関連情報をもれなく把握することが重要である。つまり選択の結果、選択肢により違いがでるコストと収益をもれなく把握する必要があるのだが、逆に往々にして、

考慮に入れなくていい非関連情報を考慮にいれて間違った決定をする場合があるので、そういう場合どう注意したらよいのかを説明しよう。

新しい機械の購入

古い機械を継続して使うか、新しい機械を買うかの検討をする場合を例にとってみる。

	古い機械	新しい機械
取得原価	¥1,000,000	¥800,000
耐用年数	10年	4年
使用年数	6年	0
残存耐用年数	4年	4年
残存価値	¥0	¥0
減価償却累計額	¥600,000	¥0
簿価	¥400,000	まだ購入していない
現在の処分価値	¥250,000	
年間運転費用	¥500,000	¥300,000

100万円で当初10年使えると予想した機械を6年前に購入した。10年後の残存価値はゼロと見込まれたので、100万円を耐用年数10年にわたり減価償却してきた。したがって、6年経った現時点での簿価は40万円である。今処分すると25万円で売却できる。ちなみに減価償却とは資産の耐用年数にわたり費用を期間配分する会計技術である。資産を活用することで実現する収益と減価償却費を対応して期間損益計算を可能にする。一方、新しい機械は、80万円するが耐用年数は4年、やはり4年後の残存価値はゼロと見込まれる。

年間の運転費用は古い機械は50万円、新しい機械は30万円かかる。

ここでは、古い機械を使用し続けるか、新しい機械を購入するかの選択である。機械を過去に買ったという事実は、どちらを選択し

ても変わらない。したがって、それは非関連情報である。つまり古い機械の簿価はすでに発生してしまっていて、これからの意思決定によって影響を受けない費用である。このような費用をサンクコスト（埋没原価）と呼ぶ。

繰り返しになるが、意思決定計算に際しては、サンクコストを見極めて非関連情報として除外することが重要になる。具体的に一つ一つ見てみよう。

- ●古い機械の簿価：上記のようにサンクコスト、非関連情報
- ●機械の売却価値：関連情報である。古い機械を使い続けるか新しい機械を買うかで違いがでる将来的な価値である。
- ●機械の売却損益：これは、簿価と機械の売却価値の差額なので意味のない情報である。簿価と売却価値をそれぞれ別々に取り扱えばよい。
- ●新しい機械の取得原価：当然、関連情報である。
- ●機械の運転費用：古い機械と新しい機械で差があるので関連情報である。

今後4年間のコスト比較

	4年間のコスト		差額
	古い機械を維持	新しい機械に取り替え	
運転費用	¥2,000,000	¥1,200,000	¥800,000
機械の売却価値		¥-250,000	¥250,000
新しい機械の取得原価		¥800,000	¥-800,000
差額原価・収益合計	¥2,000,000	¥1,750,000	¥250,000

関連情報だけ抜き出して比較すると今後4年間通算では新しい機械に置き換えた方が得である。これは簿価が幾ら大きくても関連情報の金額さえ変わらなければ結論は変わらないことをあらわしている。

この項の最初に、10万円のコンサートチケットを買ってさえいなければテレビで母校が甲子園で活躍するのを応援するのだが、10万円がもったいないのでコンサートに行くことにしたケースを

挙げた。また、過去に5億円投資した情報システムを、大きな投資をしたという事実に引きずられて今後も使っていくことにしたケースを紹介した。

まさに、10万円でコンサートチケットを買ったこと、5億円をメインフレームコンピュータシステムに投資をしたことは過去のことであり、今後どうするかは先だけ見て決めなければならないのである。

余談だが、意外とこういう過ちはおかしがちなので、『チーズはどこへ消えた？』というような本がベストセラーになるのかもしれない。

ところで過去のすでに発生してしまった費用は意思決定において考慮する必要がない非関連情報だが、将来発生する費用でも、選択肢によってその発生額に違いがでない費用は非関連情報になるのである。将来発生する費用がすべて関連情報になるわけではない点に注意する必要がある。

財務会計が意思決定に及ぼす影響

以上説明した差額原価収益分析は短期意思決定に役立つ代表的な管理会計手法である。また、アメリカで紹介される最近の管理会計手法では、意思決定における財務会計の限界を指摘することが多い。しかし、現実の世界では、財務会計の影響を受けることが少なくない。以下はその一つの例である。

古い機械を使用し続けるか、新しい機械に買い換えるかの決定で今後4年間通算では新しい機械に置き換えた方が得であるという結論を出した。

ありがちなことだが、結論を出すことと、その結論に基づいて実行することは別である。

先の例を4年通算ではなく、年度別にわけて財務会計上の影響を見てみよう。

	1年目		2年目以降		4年通算	
	古い機械	新しい機械	古い機械	新しい機械	古い機械	新しい機械
運転費用	¥500,000	¥300,000	¥500,000	¥300,000	¥2,000,000	¥1,200,000
減価償却費	¥100,000	¥200,000	¥100,000	¥200,000	¥400,000	¥800,000
固定資産売却損		¥150,000				¥150,000
費用合計	¥600,000	¥650,000	¥600,000	¥500,000	¥2,400,000	¥2,150,000

　確かに4年通算では、古い機械を使い続ける費用240万円に対し、新しい機械に買い換えると215万円の費用合計になり先に計算したように25万円新しい機械に買い換えた方が得であるようにみえる。

　しかし、1年目の費用合計を見ると、古い機械を維持した方が5万円費用合計が少ない。これが曲者なのである。財務会計上の損益計算で業績を毎年評価されるマネジャーは直近の業績に余裕がある時はいいが、苦しい時は直近の業績評価に引きずられて、長期的な採算を犠牲にするかもしれない。

　このように、評価方法によってマネジャーの行動に大きな影響を及ぼすので、本来マネジャーにとってもらいたい行動と矛盾しない評価方法をとるべきである。しかし、数多い行動の一つ一つにきめの細かい評価方法を模索するのは大変な手間がかかる。そこで現実には損益計算書で評価をすることが多いのである。第1部でペプシコの例で紹介したが、数限りない損益計算書の集合体で会社全体を経営する時には注意すべきである。すべてのマネジャーに全社的な視点に立って意思決定をしろと言っても決してそのマネジャーから全社は見えていないからである。

　多くの会社では、現実に財務会計情報を使って経営管理、マネジャーの業績評価を行っている。したがって、マネジャーの意思決定にも財務会計が大きな影響を及ぼしている。損益計算書を使って管理するときは、その弱点を認識し、後章で説明するバランストスコアカードの手法等を活用してその弱点を補う努力が必要である。

第七章 経営管理に役立つ管理会計の基礎理論

前章では経営意思決定の管理会計に必要な基礎理論を学んだ。この章では、管理会計のもう1つの柱になる経営管理に役立つ管理会計の基本理論について説明しよう。まず、予算の意義、種類、体系を理解し、総合予算の構成と設定手順について学ぶ。

1. 予算管理

予算管理は経営管理の大きな柱になる。予算という言葉を聞くと、「使うことが許される費用の枠」のような足かせのイメージを持つ人もいると思う。しかし、経理部のような管理部門が中心となって費用枠を決めることが予算設定と考えているとしたらそれは大きな間違いである。

まず、予算設定は経営方針、目標を数値で具現化するプロセスである。したがって自分を縛るものではない。経営方針との整合性が曖昧なまま、売上目標、経費予算がただ数字目標として設定されるのは本来の予算設定とはいえないだろう。これは全員参加のプロセスであり管理部門固有の作業でもない。

予算の意義

予算とは一言にすると、「経営計画を形にしたもの」である。し

たがって、予算設定にあたりまず経営者から今期の経営方針、目標が明確に示される。当然明示する対象は社員全員である。それを受けて社員は各目標について議論し、その意味を確認しあう。各目標ごとの予算設定の責任者を決め担当チームメンバーを選出する。

　このような全員参加型の予算設定は10年前には目新しいプロセスであった。確かにそれまでは、1部の人が持っているイメージ通りに経理部が中心になって費用枠を決定するプロセスであった。しかし、いまどき決算業務に代表されるように、未だに経理部が中心になって予算設定をしている会社があれば、それは今すぐ改めた方がいい。

　予算設定のような経営管理プロセスは、会社の内部プロセスなので外からの刺激を受け難く、ともすれば、毎期同じプロセスの繰り返しになりがちである。他社の事例を参考にしたり、自社のプロセスの見直しを行い、毎期必ず何らかの改善努力をするべきである。

　最近の予算設定には3つの大きな意義がある。

　1．管理職にある人が今後について考え、予算設定プロセスを通じて職責を明確にする。

　誰しも日々の仕事に追われて先のことは後回しにしがちである。しかし、現実には日々の仕事をこなす一方で将来を見据えて今日の仕事を確認する必要がある。予算設定はまさに管理職にある人が将来について考えるプロセスにほかならないのである。

　2．予算は経営成績を評価するときのフレームワークとして機能する。

　結果を見た時それがどういう意味をもつかを考える、つまり分析する際に予算は大きく役に立つ。例えば、今月の売上の実績が出ても、計画していた予算売上と比較しないと今月の売上実績の評価は出来ない。予算と比較して初めて、良し悪しが分かる。前年対比にもそれなりの意味はある。しかし、変化の激しい昨今、それだけで

は不十分であることは明らかである。

3. 予算設定は経営方針、目標のコミュニケーションのプロセスである。

　自分の上司そして経営者がどういう方針、目標をもっているのかが分からないまま仕事をするのは苦痛である。それが分からないと自分に期待されること、自分の役割が不明確になり、結果として自分の仕事の成果も評価しようがなくなる。一般社員は、予算設定を通じて、会社の方針、目標を知り、自分の果たす役割を自覚する。逆に、社員は会社の方針、経営目標を達成するために必要な具体的な活動目標を明確に上司、経営者に提示することができる。その結果として、自分の仕事に対する期待度を上司と確認でき、成果を評価できるのである。

予算の種類

　予算設定には定まったルールはないので、一般的な予算の種類について説明しよう。

●経営戦略計画（Strategic Plan）
経営戦略計画（Strategic Plan）は通常、いわゆる予算として位置付けることは少ないが、明らかに予算の上位概念として位置付けられるべきである。経営戦略計画では、会社の大きな目標、目的を定義する。これは単年度で掲げる目標とは性格を異にする。

●長期経営計画、中期経営計画
　この経営戦略計画に基づいて、長期経営計画、中期経営計画を立てる。通常、長期経営計画は5年、中期経営計画は3年としている場合が多い。最近は世の中の変化が激しく、先が見えにくいので3年の中期経営計画だけを予算化するケースが増えている。シスコでは、1年だけ予算化していた。ハイテクの世界では3年を予算化してもほとんど意味をなさないからである。

●設備投資予算
中・長期経営計画と一貫性をもって設備投資予算を設定する。工場、機械、オフィス等の固定資産購入を予算化する。後述する資金予算にも関連してくる。

●総合予算(Master Budget)
マスターバジェットと呼ぶことがあるが、1年間の総合的な予算である。その構成要素については後述するが、1年間の詳細な活動計画を予算化し、月次、4半期ごとに計画、予算を落とし込む。

●継続予算
継続予算を総合予算に取り込んでいくのが一般的になってきた。1ヶ月経つごとに新たに次の1ヶ月を更新していく方式で、常に12ヶ月、1年先を見渡すことになる。単年度予算しか持っていないと、その事業年度が押し迫ってくると1, 2ヶ月先の予算しか見ていないことになり、いかにも先を見ていない経営になってしまう。

総合予算の構成要素
総合予算という名前、それを構成する予算の名前も会社それぞれである。中身に着目してみよう。

I. 事業予算(Operating Budget)
　　1．売上予算、販売予算
　　2．購買予算
　　3．売上原価予算
　　4．経費予算
　　5．予算損益計算書
II. 財務予算(Financial Budget)
　　1．設備投資予算
　　2．資金予算
　　3．予算貸借対照表

事業予算は最終的には予算損益計算書にまとめられる。一方、資金に着目して予算化するのが、財務予算である。事業予算に織り込んだ活動を資金へのインパクトに置き換える。そこに設備投資予算を加味すると資金予算が完成し、予算貸借対照表が完成する。経営戦略計画という上位概念から出発し、各種予算の相関関係を以下に図式化した。

総合予算の設定手順

販売活動から出発して、最終的には予算損益計算書を導き出し、事業予算を完成する。その事業予算の延長線として財務予算を組ん

図7-1　各種予算の相関関係

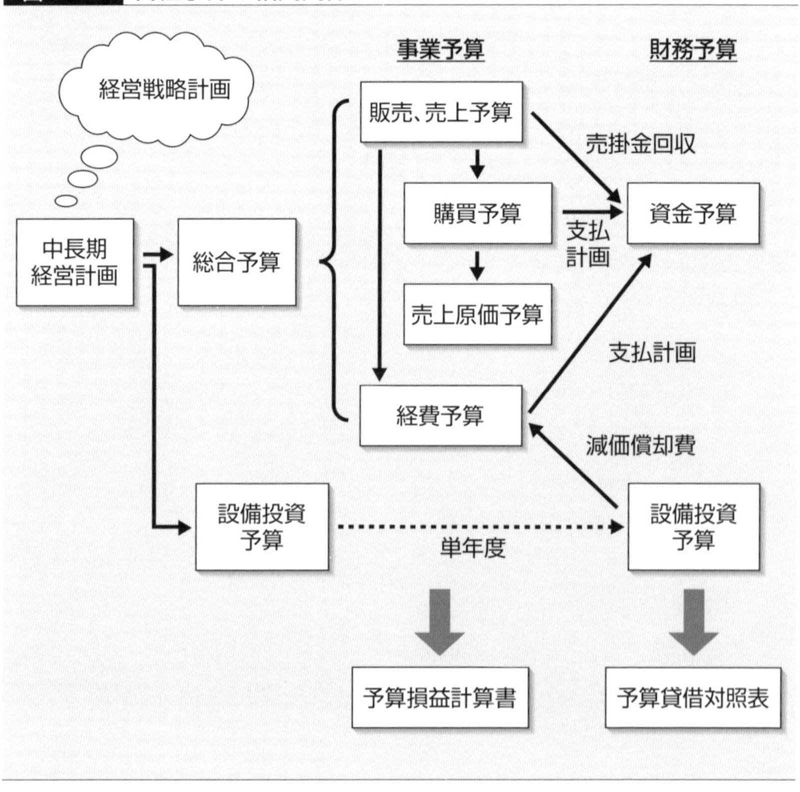

でいく形で、総合予算を設定する。事業予算設定の出発点は、費用のコストドライバーの予算化である。販売活動がコストドライバーになるのが通常であろう。販売活動、売上がドライバーになり、購買計画が立てられる。ここでは非製造業を想定しよう。

予定期末在庫を決めることで、購買予算を、

購買予算＝予定期末在庫＋販売数量－期首在庫

として設定する。売上原価予算は以下のようにその並び替えになる。

売上原価予算＝期首在庫＋購買予算－販売予算－期末在庫

経費予算を費目ごとに積み上げて、総額を固めると、予算損益計算書が次のように組み立てられる。

売上予算
－）売上原価予算
－）経費予算
営業利益予算

次に、財務予算は、事業予算設定で使ったデータを資金へのインパクトに置き換えることで設定する。売上予算は、売掛金の回収計画に置き換える。購買予算を、サプライヤーへの支払い計画に置き換える。経費予算も支払いの時期を考慮して支払い計画に置き換える。設備投資予算を踏まえると、その結果、資金予算は以下のように設定される。ここでも、決まった資金予算のフォーマットがあるわけではない。会社の実情に合わせて作成すればよい。

先に、事業予算で作成した損益計算書に財務予算で予算化した支払利息を加味して、予算損益計算書が確定する。

売上予算
　　－）売上原価予算
　　－）経費予算
　　営業利益予算
　　－）支払利息
　　経常利益予算

資金予算		
期首現金残高	A	100
－）最低要資金残高		80
使用可能現金	B	20
＋）売掛金の回収計画		200
－）サプライヤーへの支払い計画		150
－）経費の支払い計画		200
－）設備投資予算		20
資金収支	C	－170
財務計画前資金	C+D	－150
借入金		160
支払利息		5
財務計画から生じる資金	E	155
期末現金残高	A+C+E	85

　　ここでは、説明の簡略化のため、税金を計算していない。
以上、経営計画を形にする予算と、その意義、各種予算の関連、1年間の経営計画を詳細にまとめる総合予算の構成とその設定手順について説明した。

2. 経営管理システム

　　前項で説明した予算管理は、この項で説明する経営管理システムの一部を構成する管理プロセスである。
　　経営管理システムとは、戦略の策定から始まり、戦略を計画に落とし込み、計画を実行し、その結果を評価して、さらに評価を次の計画に反映させるという一連の活動を支える管理手法を統合するシ

ステムである。

経営管理システムの目的

経営管理システムは次の目的を持つ。
・経営目標を明確に伝える
・経営目標を達成するために社員がそれぞれ実行すべきアクションを理解できるようにする
・アクションの結果を全社的にフィードバックする
・マネジャーが状況変化に対応できるようにする

経営管理システムの仕組みは、図7-2の通りである。

図7-2　経営管理システムの仕組み

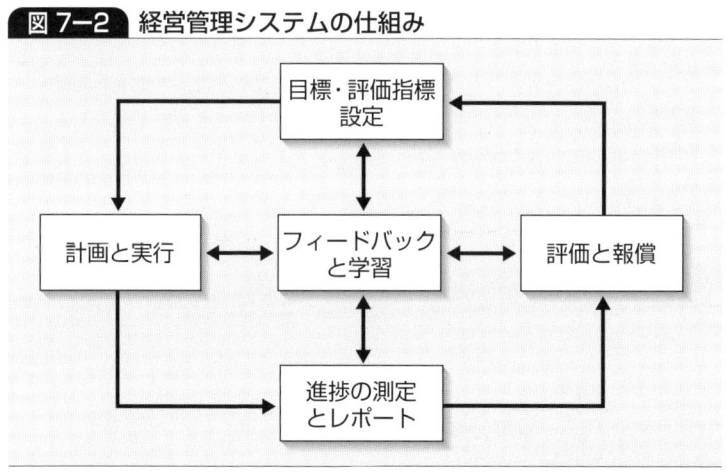

経営管理システムの設計

●目標設定、評価指標設定

経営管理システムの最初の構成要素は経営目標である。目標設定、目標達成のためのアクションプランの設定、評価指標の決定は上級、中間、すべての管理職レベルで行われる必要がある。

経営目標、アクションプランは各責任センター別に明確にする必要がある。通常、責任センターはプロフィットセンターとコストセンターからなる。プロフィットセンターが、収益、費用両方、つま

り利益に責任があるのに対し、コストセンターは費用についてのみ責任がある。販売組織はプロフィットセンターの代表例で、製造部門をプロフィットセンターにしている場合も多い。それに対し、人事部門、経理部門などの管理部門は通常、コストセンターになっている。

　設定する経営目標は財務的目標と非財務的目標とのバランスがうまく取れている必要がある。非財務的目標には、顧客、内部ビジネスプロセス、人材育成等の視点に立った目標が考えられる。マーケットシェア、品質管理、従業員満足度などがその例である。そして、目標達成に向けて進捗を常に測定する必要がある。測定することなしに管理はありえないからである。

　測定する評価指標は、以下の用件を備える必要がある。

1．目標との整合性
2．短期、長期のバランス
3．社員のアクションの影響を受ける
　（例えば、マーケットシェアなどを管理部門の社員の目標にしても、マーケットシェアは彼らのアクションの影響を受けないので意味がない）
4．わかり易い
5．業績評価、報酬の決定に活用される
6．客観性を持ち測定しやすい
7．継続的に使われる

　以上のような目標設定、測定指標の設定でもっとも一般的に使われているのが、後ほど紹介するバランストスコアカードである。

●費用対効果
　費用対効果も経営管理システムを設計する上で考慮すべき重要なポイントになる。複雑で費用がかかり過ぎるシステムは避けるべきである。低コストでもっとも効果的な管理システムの設計をすべき

である。上場会社の経営に携わっていると、確かな業績予測ができればいいなと考えることが多い。だからといって、膨大な時間と費用を費やして業績予想システムを構築しても、費用対効果が良くない場合が多い。

● ゴール・コングルエンス(Goal Congruence)
　各人がそれぞれ自分の目標を達成するために最適な意思決定をして行動し、その結果が全体の目標達成に繋がる仕組みになっている必要がある。これをゴール・コングルエンスという。会社は人の集合体として成り立っている。一言で利益を上げるといっても、人それぞれそれを実現するために果たす役割は異なる。各人が自分の役割の中で、各人の目標を確実に達成し、結果的に、会社全体として利益を上げることで目標が達成される。

● モチベーション
　そして忘れてならないのが社員の士気、やる気(Motivation)である。士気、やる気が高まるように管理システムは設計される必要がある。目標設定でモチベーションが下がるようでは、その先がおぼつかない。
　会社の向かっている方向を各社員が理解して共鳴し、その中で各人が自分の貢献できる点を明確にできるような目標設定はモチベーションが上がる。逆に、最初から達成不可能と思えるような目標が天から降ってくるような目標設定は避けたい。

● 管理可能コスト、管理不能コスト
　経営管理システムでは管理可能コストと管理不能コストの区別が必要になることがある。
　会社レベルではすべてのコストは管理可能であるが、個別の責任センターごとにはこの区別が出てくる。基本的には、特定の責任センターで管理可能なコストだけをその責任センターに負担させるべきである。その責任センターでその発生に影響を及ぼせない管理不

能コストは、その責任センターの責任からはずす必要がある。

端的な例として、本社経費が挙げられる。その一方で、本社経費等の管理不能コストを、会社の状況に応じて敢えて責任センターに負荷、配賦するメリットもある。会社の再編時に会社全体の経費に対する意識が低い時には、たとえ不毛な議論をしてでも会社全体の経費に対する意識を高める努力が必要であろう。

●集権化（Centralization）と分権化（Decentralization）

経営管理システムを設計する時の永遠の課題ではないかと思われるのは、集権化と分権化である。本店、支店のレベル、本社、支社のレベル、本社、海外子会社のレベル等で、常に問題になる。支店、支社、子会社に対し経営意思決定の自由裁量権を与える程、分権化といえる。

分権化には以下のような長所、短所が考えられる。

長所：
1. 現場に近いマネジャーほど意思決定する上で必要な情報を持っているので、速く適切な行動に結びつく。
2. 現場に近い所から経験を積み、昇格していくことでリーダーシップの継続性を確保できる。つまり、人材育成の効果がある。
3. 権限委譲の結果、広い裁量権をもつことができ、モチベーションが上がる。

短所：
1. よりコストがかかる。自分の責任範囲で自己完結を求める結果、会社全体、企業グループ全体で集約すれば費用がかからない活動を、自分の責任センターで行うことになる。
2. マネジメントの階層が多くなり、情報の処理量が増える。
3. 独立性を持った組織間での利害調整が増える。移転価格は利害調整の典型例といえよう。
4. 本社の求心力が効き難くなる。全社的に大きな変革を実行し

ようというときには説得に時間を要する。

次に移転価格について検討しよう。

3. 移転価格の検討

価格情報は経営判断上で常に重要な情報である。これは、第三者との取引での販売価格、購入価格と同じ意味をもつ。販売する側、購入する側ともに、価格情報に基づいて意思決定を行う。また価格次第で経営成績が大きく影響を受ける。幾つかの移転価格の在り方について見てみよう。

コストベースの移転価格

約半数の会社はコストベースで移転価格を設定しているといわれている。コストベースには、変動コスト、フルコスト、フルコストプラスがある。前述したように、製造原価プラス販売費をフルコストという。さらにそれにマージンを加えると、フルコストプラスの概念になる。フルコスト、フルコストプラスで移転価格を設定すると、変動コストだけをベースにした移転価格に比べて高くなり、購入サイドのマネジャには変動費部分は見えなくなる。したがって価

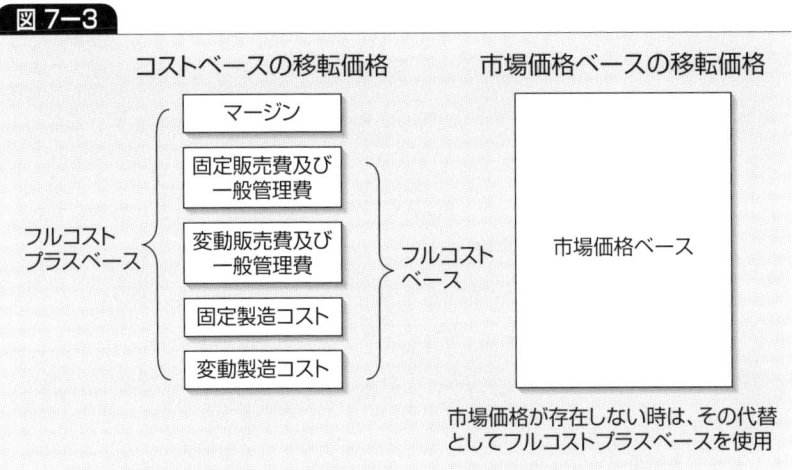

図7-3

格競争があるときに変動費部分まで値下げをすることが難しい。販売会社は単に赤字になってしまい、結果として、企業グループで見たとき、商機を逃すケースが出てくる。

　一方、変動コストで移転価格を設定すると、購入サイドの販売会社では、販売価格の低下に結びつき価格競争に繋がっていく危険がある。また、コストベースで移転価格を設定するときは、標準原価、予定原価を使うべきである。つまり、標準とか予定操業度に基づいて設定した原価で移転価格を設定したほうがよい。その都度、変動する実際原価を移転価格にすると、購入サイドで購入価格が変動するため、計画が立てにくくなり、予算設定がしづらくなるからである。

市場価格ベースの移転価格

　市場価格が存在するときは、市場価格に合わせて移転価格を設定するのが望ましい。売る側も、買う側もあたかも第三者であるかのように取引することで、それぞれが自分にとって一番良い意思決定をして、その結果が２社全体でも最適な結果に結びつく。そこに、先ほど説明したゴール・コングルエンスが存在する。

　しかし、市場価格が存在しないときは、その代用としてコストプラスを使うことが多い。また、市場価格が最適でないケースもある。販売サイドが製造を行っており、工場の生産キャパシティーに余裕がある場合である。その場合には変動原価で移転価格を設定することで、全体としては最適になる。この議論は前述した価格決定と同じ議論である。

複数必要になる移転価格

　現実には移転価格が複数必要になる場合が多い。以上説明した経営管理上最適な移転価格が、財務会計上、税務上も適切であるとは限らない。特に、海外子会社との間の移転価格は、管理会計上と税務上で分ける場合が欧米の会社ではほとんどである。世界ベースの税負担が少なくなるように、本社、海外子会社の機能を考慮しなが

ら移転価格を決める場合が多い。そしてその移転価格が経営管理上最適であるケースはまれである。経営管理上は、ゴール・コングルエンスを達成できるように移転価格を設定していく必要がある。

　または、同一業種で事業規模も大きくない場合は、経営管理上は移転価格を使用せず、スコアカードで経営管理を行うことで複雑性を排除するアプローチもある。第１部のD&Mの項で紹介した事例である。

　以上、分権化で必ず問題になる移転価格について説明した。他にも、分権化の元での経営管理手法の１つとしてEVA（Economic Value Added）がよく話題になる。これについては後で説明する。

第八章 社内収益性分析

　管理会計の基礎理論として抑えておきたいもう1つの領域は、財務分析である。ただし、本書は、あくまでも会社内部に足元を置いているので、外部に公表される財務諸表に基づいて外部の人が行う財務分析ではなく、会社の内部資料に基づいて会社内部の人が行う財務分析に焦点を当ててポイントを解説する。したがって、外部債権者が注目する安全性指標と位置づけられる当座比率、自己資本比率等の比率の解説は行わない。経営管理者が収益性に焦点を当てて行う分析に絞ることにする。

1. ROA（総資産利益率）

　収益性比率を体系的に理解する柱になるのが、ROA（総資産利益率）である。ROAは会社の総資産を使って利益をどれだけ生み出すかを測定する比率である。

$$ROA = \frac{税引後純利益＋（1－税率）×支払い利息}{総資産}$$

　分子を書き直すと、税引き後純利益＋支払利息－支払利息×税

率になる。分母が総資産なので、負債も分母に含まれている。その分母に対応する利益（分子）は、税引き後純利益に支払い利息を戻し入れ、支払利息は課税所得計算上損金算入できるので、その節税相当額を差し引く形になる。

　なぜ、ROAが収益性比率を体系的に理解する柱になるかというと、ROAは以下のように分解できるからである。

ROA ＝ Profit Margin × Assets Turnover

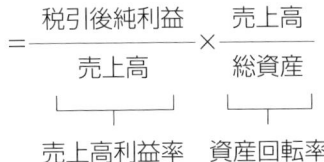

　つまり、上記の分解により、ROAは、売上高利益率と資産回転率の組み合わせであることが理解できる。売上高利益率の改善と資産回転率の改善の組み合わせでROAが改善する。売上高利益率と資産回転率はそれぞれ各種の利益率と、資産回転率に展開できる。

総資産回転率＝売上高/総資産
売上債権回転率＝売上高/売上債権
売上債権回転日数＝売上債権/(売上高/365日)
在庫回転率＝売上原価/棚卸資産
在庫回転日数＝棚卸資産/(売上原価/365日)
仕入債務回転率＝売上原価/仕入債務
仕入債務回転日数＝仕入債務/(売上原価/365日)

　売上債権回転率、在庫回転率、仕入債務回転率は、回転日数に置き換える事でより実感がもてる。また、特に売上債権、在庫の圧縮は収益性の向上、キャシュフローの改善のためにどこの会社でも努めるべきだが、売上債権、在庫の圧縮は金額ではなくて回転日数で設定する方がベターである。社内会議で、漠然と売上債権残高が増

えたのは売上が増えたからだという説明をしていては、厳しい管理はできない。在庫についても然りである。私は、金額で話が出てきたら、申し訳ないが「形だけの取り組みだな」と思ってしまう。

2. 利益率の展開

次に利益率の展開を考えてみよう。ここで利益率とは、損益計算書上計算できる各種比率である。売上高総利益率、売上高に対する各種経費率、売上高営業利益率、売上高純利益率等がある。

社内の収益性の分析目的なのだから、そこにはルールはないが、その分、本当に状況、目的に合わせてよく考える必要がある。利益率の展開として以下のようなポイントがある。

A. 常に比較する形で損益計算書を提示

単年度の損益計算書では比率は計算できても、比較対照がなく限られた分析しかできない。また、機械的に、慣習的に比較形式で提示するのではなく、どういう目的で何と比較して提示するのか常に考える習慣を身に付けたい。

B. 中核事業と非中核事業

もし、中核事業と非中核事業の社内的位置付けができているのであれば、それぞれについて会社が今後採る事業戦略が異なるのだから、収益性分析は当然分けて行う。両事業を合算した損益計算書は社内の収益性分析では役に立たない。事業が多角化している時には、各事業ごとに収益性分析をするのと同様である。

C. 同種事業別比較

例えば、Ｄ＆Ｍの場合、デノン、マランツ、マッキントッシュという３つのブランドを持っている。３社とも市場での位置付けは違っても、高級ＡＶ機器という範疇に入る。３社の比較により、それぞれの収益性の特徴を理解して、それぞれの違っていてよい所と、他社から学ぶことで収益性の向上を図ることができる所を明確にす

べきである。

D. 予算対比

目標を定め予算管理している以上、予算対比抜きで損益計算しても意味をなさない。シスコの例では、年間の計画予算を立てて、四半期毎に直近の四半期の実行予算を決めていく方式をとっていた。年間で実行予算を確定するには不確定要素が多すぎた。アメリカでは四半期決算報告が制度化されているため、四半期の重みがあることと、私がシスコに勤務していた当時のIT業界は急成長期で各四半期があたかも一事業年度であるかのような会社経営をしていたことがその背景にある。

いずれにしても、どの会社でも予算は月次に落とし込み毎月予算実績比を行い、年間予算、半年予算、または四半期予算に対する進捗を見ているケースがほとんどであろう。

E. 時系列比較

前年実績対比が一般的であるが、これについても業種により変化があってしかるべきである。シスコの例では、前四半期比較が定着していた。もう少し長いタイムスパンでは前年同四半期で比較していた。Ｄ＆Ｍの場合は、クリスマス商戦のため、売上の季節変動が大きい。したがって、前四半期との比較よりは前年同期がより意味を持つ。会社としての目標を時系列比較で確認することも一般的である。例えば、急成長期のシスコのように前四半期に対する売上高成長率に目標値を持つなどである。

F. 製品群別、製品別

事業会社の内部に身を置き収益性を分析する以上、ここで述べているような、予算対比、時系列、地域別等の切り口で製品別の損益比較を見ていくことになる。トップマネジメントレベルでも製品群別には動向を把握していく。

G. 地域別比較

　地域別比較も会社ごとに大きな意味を持つ。シスコの場合は、ネットワークインフラ構築という事業の性格上、マクロ経済の影響を大きく受ける。以前に比べると世界経済が同じ方向に動くスピードが増したとはいえ、景気の波は地域差をもってやってくる。

　したがって、地域別に実績、業績予測を継続的に行うことで少し先が読めてくる。今まではアメリカが落ちてくると、四半期遅れでヨーロッパ、さらに半年遅れて日本のような傾向があった。しかし、業種により違いは当然あるので、自社の特徴を把握しておきたい。

H. 販売チャネル別

　販売チャネルごとに異なる販売戦略を立てている場合、会社の収益構造が販売チャネルごとに違う場合等には、販売チャネル別に損益を把握する。その上で、時系列比較、製品別比較等の分析を行う。業態によっては、予算を販売チャネルごとに設定することも当然ありうる。

I. 比率の活用

　絶対に必要なのは、比率の活用である。代表的なのは売上総利益、前年対比等であろう。

　絶対金額を並べるだけでなく必ず比率を表示する。社内会議資料に比率がないときは、その書類の提供者は単に資料を提供しただけで分析をしていない証拠である。やはりここでもよく考えて意味のある比率を提供する習慣を身につけたい。

　以上、収益性分析をする際の９つの切り口を紹介した。すべてを網羅したわけではなく、会社により工夫が求められよう。上記の９つの切り口も常に組み合わせが必要になる。地域別、製品群別、比率等である。

第九章 管理会計の最新手法

　本書では最近の管理会計手法としてバランストスコアカード、ABC（Activity Based Costing）、そしてEVA（Economic Value Added）の概略を説明する。

1．バランストスコアカード

　会社組織に身をおいている人であれば、会社の経営陣の話をいろいろな機会で聞くことがある。管理職にすでについている人、またそれに近い人は会議の場で経営陣に接する機会も多くなる。それなりの会社の役員クラスであれば、それなりの経験、見識も持ち合わせているので、会議で議論をすればそんなに間違ったことは言わない。しかしそんなまともな役員がいるからといって、会社がバランス良く経営されるとは限らない。

　例えば、販売会議の場で社長が的を射た指摘と方向性を打ち出し、皆が社長に尊敬の念を感じたとしても、一方で会社の人材育成が進んでおらず、人事が停滞しているかもしれない。会社は同時に多方面に気を配りながら経営することが必要だ。もともとバランス感覚が良い経営者もいるだろう。

　しかし、ほとんどの場合、営業感覚は鋭いが人事面で目が行き届かず、管理面に注意が向かないとか、逆に、管理感覚があって手堅

く経営するが、営業面は弱いとか、いろいろなケースが考えられる。人間が経営する以上避けられないのかもしれない。たまに天才的な経営者がいたとしても、その経営者がその能力をずっと維持できるとも限らない。そこでツールが必要になる。

　１９９６年にカプランとノートンが"The Balanced Scorecard"（バランストスコアカード）を著しベストセラーになった。第一章は、速度計しかないジェット機の操縦席に座っているパイロットの喩えから始まる。

　いくらパイロットが、巧みに速度計を操るといっても、パイロットが速度計しか見ていないジェット機には乗りたくない。今日の複雑且つ競争が激しい状況下で経営者は、多数の計器を見ながらジェット機を操縦するパイロットのように会社を経営することが要求されているのである。

情報化の時代に適合した経営管理システム
　ここで、今、どんな時代を迎えているのか考えてみよう。産業化の時代を経て今は情報化の時代を迎えたといわれる。産業化の時代には、財務会計を基本にした投下資本利益率が会社経営上の経営指標として有効だった。情報化時代を迎え、規制緩和の流れともあいまって、企業間の競争が激化している。サービス業も製造業も以前にまして目に見えない資産の重要性が増している。

　目に見えない資産とは、顧客との関係を構築する能力、タイムリーに特定の顧客に対し、その顧客のニーズに合った画期的な製品を提供する能力、インフォメーションテクノロジーを活用する能力等のことである。

　伝統的な財務会計手法ではこれらの目に見えない資産を適時に補足することはできない。目に見えない資産に気がつかないと、後々、業績の悪化という形で現れる。そこにバランストスコアカードを経営システムに導入する背景がある。

戦略を具体的な目標と測定指標に

バランストスコアカードは、会社の戦略を具体的な目標と測定指標に置き変える手法である。財務、顧客、株主、社内の業務プロセス、そして人材教育および開発のバランスをとって測定指標を設定するのでバランスト(Balanced)という。

従来から、工場に代表される現場では、なんらかのスコアカードを導入している場合が多々ある。また、経営のトップから会社のミッション、戦略が示されているケースがほとんどだろう。ところが、一般社員が自らの業務を振り返った時、会社のミッション、戦略の実現のために具体的に何をしたらいいのか分からない場合が多い。自分の日常業務と会社のミッション、戦略との関連付けができないのである。

現場で採用しているスコアカードの項目は、一つひとつは正しいことのように思えるが、経営トップが言うところの、会社のミッション、戦略にどう結びつくのかがピンとこない。こんなケースが多い。

バランスのとれた経営管理システム

バランストスコアカードは、会社の経営戦略を分かりやすい業績指標セットに翻訳して戦略指標と経営システムの枠組みを提供する。しかし、単に測定指標として使うのではなく、戦略設定から始まり、計画に落とし込み、計画を実行し、その結果を評価して、さらに評価を次の計画に反映させるという一連の経営サイクルに組み込むことで、バランストスコアカードは本当の力を発揮する。

バランストスコアカードを文字通りバランスがとれたものにするために、バランストスコアカードを、4つの視点からデザインする。

財務からの視点

「売上高5％の成長」、「売上高営業利益率20％の達成」等を一律に目標値として設定するのは考え物である。目標はマネジャーの行動に大きく結びつくわけだから、きめの細かい目標設定をすべき

図 9-1　戦略的枠組みとしてのバランストスコアカード

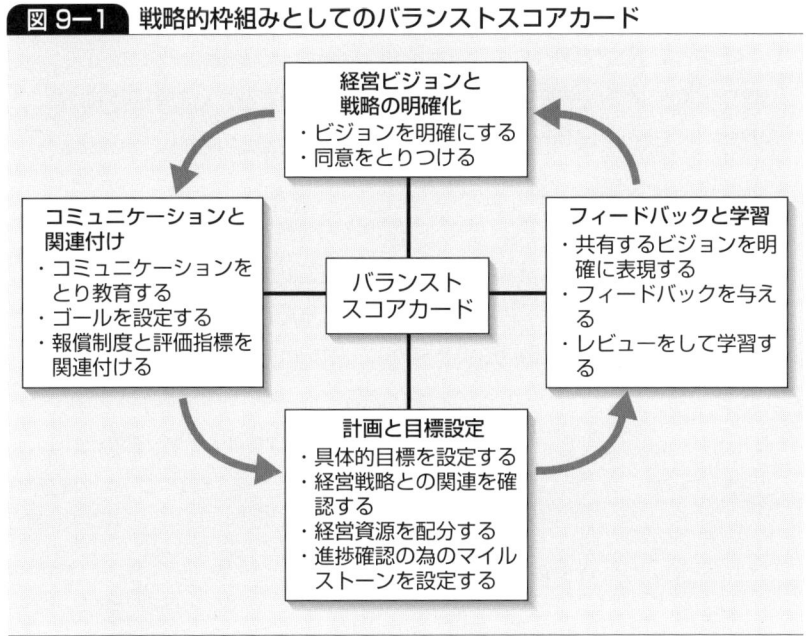

だ。

　まず、会社が複数のビジネスないし商品を扱っているとすると、それらのビジネス、商品をライフサイクルに応じて、

- ●成長期
- ●安定期
- ●収穫期

に分けてみる。成長期とは文字通りビジネス創業期、新商品の投入期である。そして、大半のビジネス、商品は安定期に入っていることが多いはずである。

　安定期には、まだそのビジネス、商品は追加投資に値するが、重きは過去の投資に対するリターン、つまり収益性を上げて利益を上げることが目標になる。最後に収穫期とは、そのビジネス、商品がライフサイクルの終わりに近い時期である。収穫期はもう追加投資に値しない。少しでもキャッシュを生み出すことが目標になる。閉店セールをイメージすれば良い。

・成長期の財務目標

　成長期には当然新商品の売上を大きく伸ばしたい。したがって、総売上高に対する新商品の売上高の割合を目標値にして新商品に焦点を当てる。収益性にしても、費用を抑える方向よりも、一人当たり売上高を目標にする方が理にかなっている。

　言い換えると、成長期における最優先課題は売上拡大である。費用に注意を払いながら売上を伸ばすよりも、一人当たりの売上高の拡大に注力することでマーケットシェアを確保する。

　また新製品の市場への浸透を早急に実現するために、例えば売上の50％以上を新製品の売上が占めるようにその割合を目標値として設定する。追加投資は、開発費を売上高の何％という目標値にして管理する。

・安定期の財務目標

　安定期には顧客ベースへの浸透を目標にしたい。例えば、トップ20の顧客への注力が考えられる。この時期には、平たく言えば、しっかり儲けを出すことが目標になるので、費用の削減目標を設定する。

・収穫期の財務目標

　ライフサイクルの終わりに近い収穫期には、総売上高に占める「利益が出ていない得意先への売上」の比率を目標値に設定し、それをいかに低く抑えていくかに力を入れる。

　追加投資はすべきでないので、総資本利益率のような財務指標は避けたい。「少し追加投資をすれば利益がでる」という行動に結び付けないためである。

　以上簡単に説明したが、これで「毎年10％の売上高の成長」、「総資本利益率3％の達成」などの単純目標の危険性が理解できる。商品のライフサイクルに基づいて、成長期、安定期、収穫期に分けてみると、それぞれの時期に適した財務目標があるからである。

顧客の視点

自分が作れる物を作り、それを買ってくれる人に売る時代は過ぎた。気が付くとより顧客のニーズに合った物を売る競合先に負けている。まず、ターゲットにする顧客層を明確に定めるところからすべてが始まる。そしてターゲットにした顧客が何に価値を見出すのかを見極める。通常顧客によってその追求する価値は異なる。

- 商品、提供するサービスの属性：機能、品質、価格
- 顧客との関係：買う時の便利さ、対応の早さ、顧客対応
- イメージ、評判：ブランド、広告宣伝を通じたメッセージ

このような、ターゲットにする顧客層の異なる価値を踏まえて、各顧客層に合わせた目標を設定し、測定指標を定める。

顧客の視点からの測定指標としては、

- マーケットシェア：市場調査による市場占有率
- 新規顧客の獲得：新規顧客数、獲得率
- 顧客の維持：絶対額でも率でも良いが、顧客を維持できているかの測定
- 顧客満足度：質問を通して満足度を調査
- 顧客の収益性：顧客が我々と取引することで儲かっているのかを調査

がある。

例えば、顧客対応、対応の早さ、緊密度を目標にするのであれば、質問を通じて満足度を調査することが考えられる。

これらの測定指標が核になるが、結果指標になりがちである。結果としてこうなったというのではなくて、日々の営業活動に結びつく先行指標の設定が特に営業職では重要である。

緊密度を高めるために月に何回同じ顧客を訪問するか、または連絡をとるか等の先行指標が考えられよう。

内部ビジネスプロセスの視点

　従来、内部ビジネスプロセスの改善と言えば、即座に時間管理、品質管理、原価管理に短絡的に話が向きがちであった。バランストスコアカードでは、会社の戦略を具体的な目標と測定指標に置き変える時に幅広い視点で行う点に特徴がある。したがって、内部ビジネスプロセスは、それだけで孤立したものではなく、特に顧客、財務の視点と有機的に繋げて、内部ビジネスプロセスの測定指標を決める。つまり、ターゲットとする顧客層を明確にし、その顧客層に提供する商品、サービスを明確にし、そのデザイン、開発をすることに重きを置く。内部ビジネスプロセスは、

- ●イノベーション
- ●オペレーション
- ●アフターサービス（postsale service）

に分類する。

図9-2　内部ビジネスプロセスの視点―イノベーションプロセス

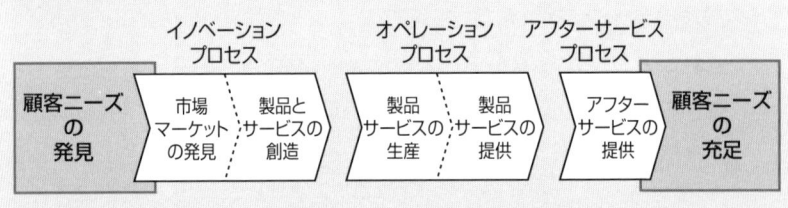

・イノベーションプロセス

　イノベーションのプロセスは2つの構成要素からなる。
　1つは、市場のサイズ、顧客の嗜好、商品ないしサービスの価格帯を掴む。2つ目の構成要素は、これらの情報を踏まえて、実際の商品、サービスのデザインと開発をするプロセスだ。従来、この開発段階のプロセスには注意が向いていなかった。むしろ、開発後の、

製造とオペレーションのプロセス改善に目が向きがちであった。

イノベーションのプロセスの測定指標としては、競合他社と比較して新製品の投入が進んでいるか、予定通りに新製品が投入できているか、新製品投入までの時間がどのくらいか等が考えられる。

・オペレーションプロセス

以前より、イノベーションプロセスの段階に重きがおかれるようになったとは言っても、最終的に顧客に対し商品、サービスを提供する過程において、依然として、オペレーションプロセスは重要である。したがって、時間管理、品質管理、原価管理の測定指標を設定する。伝統的手法として、標準原価、予算、原価差異分析等がある。そして、QC活動の測定指標の設定は、日本企業の得意とするところである。

・アフターサービスプロセス（postsale service）

内部ビジネスプロセスの最後に位置するのはアフターサービスのプロセスである。製品保証、保守サービスなどがそれにあたる。

オペレーションプロセス同様、時間、品質、原価を軸にした測定指標を設定し顧客の期待に応えていく。一般的には、修繕に要する時間、スペアパーツの在庫率、修繕費用等が測定指標になる。

人材育成の視点

企業は人なり、会社の一番大きな資産は人だという。確かに会社という組織で仕事をしているとそれを痛感する。今まで述べてきた、財務、顧客、内部ビジネスプロセスの各視点での成功は最終的には人の集合体としての組織の学習能力、成長にかかっているといっても過言ではない。この人材育成の視点に即した測定指標は他の視点の測定指標に比べるとまだ開発途上にあるといわれているが、核になる指標としては、

●従業員満足度

- 従業員退社率
- 生産性

などを軸にした測定指標のデザインが考えられる。

一例をあげると、シスコでは、E-ラーニングの活用を測定の対象にしていた。E-ラーニングとは、ウェブツールを使い、各自自習方式でトレーニングを主体的にする方式である。従来の講師によるトレーニングとの組み合わせでより効果的、効率的なトレーニングを受けることが出来る。社員教育がキーになるような事業をしている会社では、より人材育成の視点が全社的な戦略目標の達成に直接的な影響を持つ。

以上、財務、顧客、業務プロセス、そして人材育成の視点から、バランストスコアカードのデザインを検討した。そのデザインにあたり、幾つか注意していきたい点がある。

指標は、結果指標と先行指標のミックスである必要がある。結果を見てダメだったというのではなく、日常の行動をドライブする指標を組み込む必要がある。例えば、利益率が適切な指標にならない場合がある。利益率を上げるにはいろいろな手段があるからである。値引きをコントロールして利益率を上げたいのなら、値引率を指標にすべきである。利益率を指標にすると、利益率は相対的に低いが是非将来を見据えると会社として積極的に売っていきたい製品をあえて売らないという行動に結びつく可能性があるからである。

また、財務、顧客、内部ビジネスプロセス、人材育成の４つの視点を挙げたが、必ずしもこれらにこだわることはない。戦略の実現に向かって指標が全体としてバランスがとれていればいいので、会社によって違う指標があってもまったく不自然ではない。株主の視点、サプライヤーとの強固な関係等が視点になることもある。

会社の事業が多角化している場合、戦略が異なる事業毎にそれぞれバランストスコアカードをデザインすべきである。バランストスコアカードは戦略ツール、経営システムなのだから当然である。

「横の広がり」と「縦の展開」

　これまで、バランストスコアカードのデザインの話をしてきたが、デザイン以上に大事なことがある。それは、デザインしたバランストスコアカードを日常の経営システムに組み込むことである。会社の経営戦略、目標をオープンに全従業員に伝えて、議論を通して理解を深め、各人の目標にまで会社全体の目標を落とし込んでいくプロセスが非常に重要な意味を持つ。

　私はバランストスコアカードの手法の優れている点は、全体としてバランスがとれた目標を各測定指標に翻訳することで実現する「横の広がり」と、戦略、目標を経営トップから１従業員まで落とし込むことで実現する、「縦の展開」だと思う。

　シスコの例を出してみよう。シスコはバランストスコアカードをその経営に取り込んでいると明言していないが、実質的に採用していると感じている。

　シスコのもっとも重要な社内イベントは、毎年５月に開催する「リーダーシップオフサイト」と呼んでいるミーティングである。世界中からディレクター以上の人がシリコンバレー近くのホテルに集まり２泊３日でミーティングをする。このオフサイトミーティングで、シスコの本社経営陣から、８月に始まる新事業年度を前に、新事業年度の目標を約10項目ほどの箇条書きの形式で、そして多くは数値に翻訳された測定指標にして世界中から集まったリーダーに伝える。

　このミーティングを受けて、世界中から集まったリーダーはその目標を持ち帰り、自分の部下と共有し、さらに具体的な業績指標、測定指標に落とし込む。新事業年度が始まる８月までにはすべての社員へのコミュニケーションが終わる。先ほど言及した、バランストスコアカードの「縦の展開」である。シスコの場合、さらに念がいっていて、その事業年度の目標を箇条書きでカードに印刷し、３万人を超える世界中の社員に配り、各社員はオフィスに入る時に使うセキュリティーカードと一緒に携帯する。

　また、５月にオフサイトミーティングで伝達される経営目標の内

容も財務目標、人材育成目標、顧客満足度等を幅広く織り込んでいてバランスのとれたものになっている。

シスコはかなりの優良企業なので人材に恵まれているため、敢えてバランストスコアカードと言わないまでも、「横の広がり」を持った戦略目標を設定できていたと思う。

経済誌などを読んでいると、日本の優良企業でもバランストスコアカードを取り入れているのを発見する。しかし、そんな日本の優良企業やシスコのように恵まれた会社はそれほど多くはない。これからという発展途上の会社はバランストスコアカードというツールを経営システムに取り込むことでより明確に「横の広がり」を持った戦略、目標を設定し、その目標を経営トップから１従業員まで「縦の展開」をすることで大きく経営を改善できるのである。

2．活動基準原価計算(Activity Based Costing)

原価計算はそれこそ一冊の本でじっくり学ぶ必要のある分野である。本書では、Activity Based Costing(ABC)を理解する上で最低限知っておくべき原価計算について説明する。ABCはすでに学んだバランストスコアカードと関連するActivity Based Management(ABM)の原点に当たる。

原価の計算

身の回りを見ると物がたくさんある。私の周りにも今まさに使用しているPC、デスクがあり電話がある。これらすべての物の原価を誰がどのように計算しているのかと思うと不思議な感じがするのは私だけだろうか。実はこの計算はなかなか一筋縄ではいかない。

簡単にプロセスを説明しよう。まず、各種費用をその発生が製品と直接紐付けができるかどうかで、

1．直接費
2．間接費

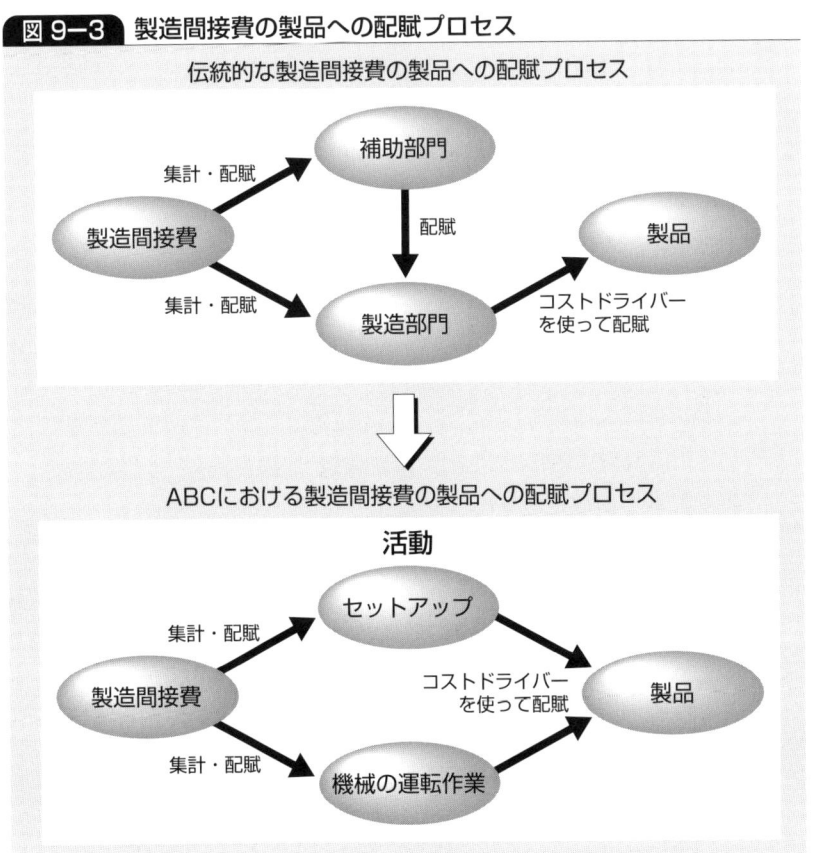

図9-3 製造間接費の製品への配賦プロセス

に分ける。直接紐付けできる直接費には、

1．直接材料費
2．直接労務費
3．直接経費

がある。

　材料費でも労務費でも常に製品と直接に紐付け出来るわけではないので、間接材料費、間接労務費が存在する。間接材料費、労務費、経費からなる製造間接費は最終的には製品に配賦されるが、それま

でに何回か集計と配賦のステップを踏む。

　ここでは、単純化のために、間接費が製造部門と補助部門に集計、配賦された時点からスタートする。

　図9-3にあるように補助部門費を製造部門に配賦して、製造部門に集計した原価を、機械運転時間とか直接労働時間等の操業度関連のコストドライバーを使って製品に配賦する。

　コストドライバーとは第六章で述べたように、原価を発生させる要因のことである。例えば、品物を受け取り検収する部門活動のコストドライバーは受領した品物の数であったり重量であったりする。

伝統的な原価計算からABCへ

　Activity Based Costing（ABC）について説明しよう。伝統的な原価計算手法では、製造間接費を製造部門に集計し労働時間とか、機械時間など操業度関連のコストドライバーで製品に配賦するのに対し、ABCではActivity（活動）に原価を集計する。例えば、セットアップとか機械の運転作業に原価を一旦集計する。

　そうすることで、まず伝統的な原価計算手法と違いがでてくるのは、製品原価の範囲である。従来製品原価に算入していなかった、オーダー処理、製品デザイン等にかかる費用も製品原価に算入される。

　また、活動に原価を集計するので、投入資源の原価と活動の因果関係が明確になる。したがって、活動に着目することで原価低減を検討することができる。例えば、段取り作業という活動に着目して原価低減の機会を模索する。伝統的な原価計算手法では、段取り作業のような活動に原価集計していなかったので、段取り作業にどのくらい原価が発生しているか不明だった。したがって、段取り作業に着目して原価削減という発想は出てこない。

　最後に、ABCはより正確な原価計算を実現すると言われている。一昔前は、少品種大量生産の時代であったが最近は多品種少量生産の時代である。携帯電話などを頭に浮かべると良くわかる。多品種

少量生産では段取りのような生産支援活動が細分化して、間接費が増大すると言われている。そこで、間接費をより合理的に活動ベースで製品に配賦する意義がある。一方、伝統的な原価計算手法での操業度関連のコストドライバーによる製品への原価の配賦は、少品種大量生産を前提にしていた。

　余談であるが、私はアメリカのシカゴで公認会計士業務をしていた1980年代の終わり頃、会計関係の雑誌でABCを知った。個人的には、原価計算が全般に理論的であるのと対照的に、製造間接費の製品への配賦については、大雑把な感じが否めないと感じていた。しかし他に合理的な方法もないと考えられていたので、最初にABCを知った時は、新鮮な印象を受けたのを記憶している。

　当時、日本はまだバブル崩壊前でアメリカでも日本企業が進出定着し、一方、アメリカ企業、特に製造業に携る会社は、日本の会社に学んでいる時期だった。日本の製造現場で、ジャストインタイムシステムとか、看板方式などを学ぶ中で、Activity（活動）に着目し、それを原価の集計単位にすることを思いついたのではないかと直感した。

　当初ABCは、長い間どうにもならない印象があった製造間接費の配賦を含めて、原価の配賦の精緻化が目的だった。そういう意味では、原価計算に携っている人にはABCは画期的な印象があったはずである。

　その後間もなく、原価低減に結びつくActivityのマネジメントに発展し、いわゆるActivity Based Management(ABM)が紹介された。原価低減は製造業に携る以上、永遠のテーマなので、ABCからABMという発想への展開は当然の流れと言える。

ABMへの展開

　Activity Based Management (ABM)はABCシステムから得られる情報を活用した原価管理のプロセスを意味する。通常、製造現場レベルでは活動そのものに対して焦点を当てていることが多い。ABMを採用することにより金額ベースで認識して、利益に対

する貢献を明確にすることが出来る。

　バランストスコアカードで触れたように、製造現場で採用しているスコアカードの項目は、1つひとつは正しいことのように思えるが、経営トップが言うところの、会社のミッション、戦略にどう結びつくのかピンとこない。つまり非財務情報のみで管理を行うとすると、会社全体の進むべき方向性と現場の活動に関連性を見出しにくい。そこに財務情報との橋渡しの機能を果たすABMの意義を見出すことができる。

バランストスコアカードとの相性
　原価低減は製造業の永遠のテーマである。まず、ABMによって活動の原価を把握する。そして各活動を、

- ●製品に付加価値を生む活動
- ●製品に付加価値を生まない活動

　に分ける。付加価値を生まない活動に焦点を当て、もしそれを割愛できないまでもいかにその活動にかかる費用を削減するかが原価低減のテーマになる。
　このように、ABC, ABMはバランストスコアカードの手法と相性が良い。組み合わせて活用することでより効果がでると考えられる。
　しかし、ABCは今まで説明した長所がある反面、一方で、伝統的原価計算より手間がかかる。厳しい価格競争の中で、コストプラスでは製品価格を決められない会社では、より正確な原価計算をすることに意義を見出し難いかもしれない。また、組み立て作業が多く、直接費の占める割合が多い場合も意義を見出しにくいかもしれない。しかし、過剰製造キャパシティーがあり、キャパシティーの見直しをするために、原価構造をより明確にしたいと考えている会社ではABCが役立つ。

	X	Y	Z
税引き後営業利益	$1,000	$1,000	$1,000
成長率	10%	10%	25%
投資/税引後営業利益	100%	80%	200%
税引き後営業利益の増加	100	100	250
追加投資	1000	800	2000
投資利益率	10%	12.50%	12.50%
税引き後営業利益	1000	1000	1000
資本の増加	1000	800	2000
フリーキャッシュフロー	0	200	-1000

3. EVA (Economic Value Added)®

株主主権の台頭

　G. ベネット・スチュワートが、"The Quest for Value"という本でEVAを紹介している。EVAは1990年代に話題になり、現在ではその手法を採用する会社が増えている。背景にはアメリカにおける機関投資家の台頭がある。投資家、株主の視点から会社の価値を見るだけではなく、会社の経営も株主主権の立場で見るという考え方である。

　株主の観点から収益性を考える

　X、Y、Zという3つの会社があると仮定する。

　まず、XとYを比較してみよう。XもYも同じ10％で利益が成長する。利益だけを見るとXとYに違いはない。しかし、YはXと同じ10％の成長率を達成するのに要する資本投資が少なくて済む。つまり、Yの投資利益率は12.5％あり、Xの10％より高く、Xより魅力的な会社であるということになる。

　次に、YとZを比較してみよう。YもZも投資利益率は12.5％で同率である。しかし、Yはフリーキャッシュフローが200のプラ

スであるのに対し、Zは1000のマイナスである。

したがってYの方が良いかというと一概にそうとは言えない。ちなみにフリーキャッシュフローというと、営業活動から生じるキャッシュフローから設備投資額を差し引いた概念で通常使われる。しかし、ここでは税引き後営業利益が、営業活動から生じるキャッシュフローに近いものと仮定している。

確かに銀行にとっては、キャッシュフローがプラスのYが好ましいだろう。しかし、投資家の視点で見ると、Zがその投資機会を見逃さず投資を続けた場合、Yより絶対額で大きい利益をより高い成長率で達成することが見込まれるので、より魅力的な会社だといえる。

危険なのは、Zのキャッシュフローがマイナスだからといって追加投資を止めてしまうことである。そうすると、Zは魅力のない会社になってしまう。確かにキャッシュフローは投資の寿命期間で考えると一番重要な指標だが、ある1期間でみると判断を誤ってしまう。キャッシュフローはあくまでも価値の指標ではあるが、経営成績の指標ではないのである。

EVAを算式で表すと、

> EVA＝調整済税引き後営業利益（Adjusted after tax operating income）－資本コスト

になる。EVAもバランストスコアカード同様、財務会計の限界を指摘してEVAの手法の優位性を主張する。したがって、財務会計上計算される税引き後営業利益を調整する必要性を指摘する。

調整項目の例として、

●税金

税効果会計を適用した税金費用ではなく、あくまでも現金支出としての税金に調整

●研究開発費

研究開発費は財務会計上、原則、全額期間費用とされる。EVA

の算定上はこれを資産計上し、研究開発の成果としての製品の耐用年数で償却する

●棚卸資産の評価方法
もし後入先出法を採用している場合、先入先出法に変換する

等を挙げているが、実務上は実際にこれらの調整を行っているケースは少ないと思われる。

敢えて、財務会計と異なる会計基準を適用して調整済みの税引き前営業利益を計算するまではせず、簡易的に財務会計上の営業利益に実行税率を適用して、税引き後営業利益を用いる場合が多いと思われる。

以下の説明では、簡易的に、上記のような調整項目を無視して、税引き後営業利益を用いる。

EVA＝税引き後営業利益－資本コスト

である。資本コストとは、借入資本と株主資本の調達コストである。財務会計上の経常利益では、通常、借入資本の調達コスト、すなわち、金利しか反映されない。

今まで、多くの日本企業は低い金利を前提とし、株主不在の経営をしてきた。右肩上がりの経済を前提とし、銀行借り入れの負担を大きくしたために、バブルの崩壊後、会社経営に破綻をきたし、借金返済に窮していたり、倒産という事態に直面したりしている会社もある。

一方、優良企業は資本構成を見直し、銀行借入れの返済を加速している。そのためにいわゆるバランスシート不況といわれる事態になっている。そう考えると、現状では優良企業のみが、EVAを採用できることになる。

投資家にとって魅力のある会社
投資家として有名なウォーレン・バフェットは、鉄鋼産業の経営

者が鉄鋼産業において最善の投資をするのと違って、産業縦断で投資をするのが自分の仕事であると言っている。彼のように考える投資家の期待に応えていく必要がある。つまり、経営者は資本コストより高いリターンを上げていかなければならない。もしそれが出来なければ、投資家が去っていき株価が下がり、会社の価値が下がることになる。

投資家へのリターンを考えるとき、資本利益率で測定するのは危険である。銀行借入金の低い金利と比較して投資を行うと資本利益率は向上するが、これは誤りである。借入資本、株主資本の加重平均で計算した資本コストをもって、最低投資利益率とすべきなのである。

EVAに基づく損益計算は以下のようになる。

　売上
　（－）営業費用（売上原価、販売費及び一般管理費）
　　　　営業利益
　（－）法人税
　　　　税引き後営業利益
　（－）資本コスト
　　　　EVA

それに対し、一般的な損益計算は、以下の通りである。

　売上
　（－）営業費用（売上原価、販売費及び一般管理費）
　　　　営業利益
　（－）支払利息
　　　　経常利益
　（－）法人税
　　　　純利益

これでは、負債金利が費用として認識されるのみで、株主に対するリターンが費用として認識されないことになる。したがって、資本利益率（純利益/資本）を最低投資利益率として、それより高いリターンを生む投資をすると過剰投資に繋がる。これは、日本のバブル期を思い起こせば理解しやすいだろう。当時、高い不動産価格と銀行の低金利を前提として、過剰投資が行われた。投資利益率の最低限ラインとして、資本コストが使われていなかったからである。

　資本コストの算定
　資本コストは、会社に値段をつけるバリュエーションでも使われる概念である。以前はインベストメントバンクに勤める専門家が使うだけで、一般の事業会社で使われることは少なかった。しかし最近は日本でも、株主主権が意識されるようになり、EVAを採用する会社も増えてきたので、より頻繁に使われるようになった。
　株式資本コストは、資本資産評価モデル(Capital Asset Pricing Model, CAPM)を使って、以下の公式で算出される。

> 株式資本コスト＝無リスク金利＋ベータ×株式市場プレミアム

- 無リスク金利：長期国債の金利
- ベータ：株式市場全体の変動に対する個別株式の変動幅を表す係数
- 株式市場プレミアム：株式市場への投資リターンと同期間の国債投資利回りとの差額

　この式は、投資家から見ると、彼らの期待する投資期待収益率であり、会社から見ると、投資家に還元すべき事業コストになる。さらに詳しい内容については『MBAバリュエーション』（森生明著）を参考にして欲しい。
　ここでは、株式資本コストは６％であると仮定して考えてみよう。次に、借入資本コストは次のように算出する。支払い金利は税務上損金に算入でき、その分税金が減るので、

> 借入資本コスト＝長期借入金利×（1－実効税率）

となる。ここでは、借入資本コストは2％と仮定する。

資本コストは、上記、株式資本コストと借入資本コストの加重平均をとった、加重平均資本コストを用いる。

> 加重平均資本コスト＝
> 株主資本金／（株主資本金＋長期借入金）×株式資本コスト
> ＋長期借入金／（株主資本金＋長期借入金）×長期借入金

ここでは、総使用資本のうち長期借入金が50％、株式資本が50％と仮定しよう。そうすると、

加重平均資本コスト＝2％×50％＋6％×50％＝4％

になる。以下、ベースケースとして、使用資本100万円、税引き後営業利益を25万円（資本利益率25％）、資本コストを4％としてEVAの計算と考え方を見てみよう。

EVA＝25万円—100万円×4％＝21万円

ここで、いくつかのケースをシミュレートしてみよう。

・ケース1

生産性を上げて、使用資本を増やさず利益を上げる。資本利益率が25％から30％に上がると、

EVA＝30万円（＝100万円×30％）－100万円×4％＝26万円

・ケース2
100万円の追加投資により20万円の利益増が見込まれる。

EVA＝45万円－200万円×4％＝37万円

　資本利益率は、22.5％（＝45万円/200万円）でベースケースの25％より下がっているが、EVAは16万円増えている。つまり、この投資は行うべきである。

・ケース3
　実は、ベースケースの事業の中に、50万円の資本を使い1万円の利益しか上げていない事業が含まれていたとする。この事業から撤退すると、

EVA＝24万円（＝25万円－1万円）－50万円（＝100万円－50万円）×4％＝22万円

になりEVAが増加するので、この事業からは撤退が求められることになる。

経営者の高いハードル
　このようなEVAの考え方は、今まで株式資本はただのようなものだと思って経営してきた経営者にとっては非常に厳しい考え方である。
　事業によってはEVAで見るとその存在価値そのものを否定される可能性すらある。しかし、EVAはある意味でそこまでの厳しさを経営者に求めている。したがって、経営者の報酬にもその考え方が反映される。
　ストックオプションは通常、その行使価格を実勢に合わせるか、場合によっては実勢価格より低くして報酬としての意味をもたせる場合が多い。しかしEVAで考えると、行使価格を毎年吊り上げて

いくように設定してより成功報酬としての意味をもたせる。まさに株主の視点から見た考え方である。

また、EVAでは、借入資本を持つことで生じるプレッシャーを利用して経営にあたる手法が考えられる。現実に借入資本をもつ会社の方が、より投資案件を厳しい目で吟味して結果的には良い経営成績を残しているケースに着目する。

最近の日本では、借入資本の縮小に努めている企業が多い。バランスシート不況と呼ばれる縮小均衡の構図になっている。そこに、アメリカ経済がくぐり抜けた株主主権、EVAを意識して積極経営に乗り出す道もあるのかもしれない。

■付録・管理会計用語集

ABC（Activity Based Costing）

　ハーバード・ビジネススクールの、カプランとクーパーが1980年代後半に提唱した理論。競争に勝つためには正確なコスト情報が重要であるが、少品種大量生産から多品種少量生産へと、産業構造が変化する中で、それまでの伝統的な原価計算では、必ずしも正しいコストが計算されていないことを提唱した。特徴は、次の3点である。

　第1に、製造間接費を、部門ではなく、コストプールに集計すること。第2に、集計されたコストを、コストドライバーを用いて、直接製品やサービス等に配賦すること（伝統的原価計算では、コストを集計後、部門別の集計をし、それから製品に配賦という、2ステップがあったが、ABCでは、1ステップのみ）。第3に、配賦基準が多様であること（伝統的原価計算では、直接作業時間とか、機械の稼働時間とか、単純であった）。

　また、このABCについて特筆すべきは、製造業以外にもスムースに適用可能であるというところである。従来の伝統的な原価計算は、製造業を対象としたものであったが、ABCによって、その対象は、業務プロセスすべてに適用可能となった。

　それは、総務、人事、経理といったいわば間接業務といわれる業務についてのコスト計算も可能にし、その結果、ホワイトカラー・プロダクティビティーといった間接業務のコスト削減に対するイニシアティブがクローズアップされ、これを実践した会社が、より競争力を高める結果となったのは、記憶に新しいところである。

　ただし、導入にあたってやや複雑な点があるというところが、実務上の難点であることは否めない。コストプールとコストドライバーの設定にあたって、どこまで細分化するかは、十分留意すべき点である。

ABM（Activity Based Management）

ABMは、ABCの手法をもとに、会社のそれぞれの業務プロセスについてコストを算定し、そのコスト分析を行いながら、付加価値のある活動と、付加価値を生まない非付加価値活動に分類し、非付加価値活動を排除していくマネジメントツールである。

最近は、ABCとABMをそれぞれ別個に扱うというよりも、ABC/ABMとして、一体のものとして扱われている。

回避可能原価とサンクコスト（Avoidable Cost vs. Sunk Cost）

意思決定の際に、いかなるオプションを採用したとしても発生する原価をサンクコストという。例えば、既に契約済みのリース取引があって、毎月のリース料の支払は不可避的に生ずる場合、いかなる代替案を模索しても当該リース料が発生するため、これはサンクコストとして扱われ、意思決定の判断材料には不要となり、判断材料から除外されるべきものである。

他方、サンクコスト以外は回避可能原価として扱われ、これは更に、売上高の増減に応じて変動するか否かで、（回避可能）変動費、あるいは、回避可能固定費として定義される。

バランストスコアカード（BSC: Balanced Scorecard）

ハーバード・ビジネススクールのカプランとコンサルタントのノートンが1990年代に提唱した理論。企業のビジョンと戦略を達成するための業績評価基準を、「財務的視点」、「顧客の視点」、「ビジネスプロセスの視点」、そして、「学習と成長の視点」という4つの視点から設定したものである。特徴的なのは、短期的な目標の達成度合いのみならず、長期的な視点からの評価も取り入れていることである。

BPR（Business Process Re-Engineering）

「業務プロセスの抜本的変革」と通常訳されるBPRは、企業戦略に合わせた新たな競争力を得るために、現状の業務プロセスを根本的に見直し、再構築することをいう。その根底には、単に改善するとか、必要なものは必要だからこのままでいいという発想を超えて、「そもそもどうあるべきなのか」、ないし、「そのプロセスは本

当に必要なのか」といった業務プロセスの根幹に問いかけるというニュアンスが込められている。場合によっては、現状のプロセスとは全く異なるプロセスが構築される場合もあり得る。

　BPRの実施にあたっては、現状分析と、あるべきプロセスの策定、そして、これらのギャップ分析がキーとなるが、現状分析における一つの有効な手段となったのが、ABC/ABM（Activity Based Costing/Activity Based Management）であった。また、BPR推進の旗手として、ERPシステム（業務処理の統合パッケージ）の導入も盛んに行われている。ただし、ERPシステムの導入を試みても、既存のプロセスにこだわるあまりに、BPRどころか、多額の導入費用がかかるERPの導入自体もなかなかうまく進まないケースが時折あるようである。

設備投資予算（Capital Budget）

　財務予算の一部である設備投資予算は、将来の設備投資の計画に基づいて作成される。実務的には、全体の設備投資予算はあくまでも予算として持つけれども、実際に設備投資するかどうかの意思決定は、別途経済性計算等が厳密に行われる必要があるため、事業予算のように、ある意味で最低限達成しなければならない目標といったニュアンスとは異なるものである。もちろん、設備投資があると、減価償却費として損益計算に影響が出てくるため、事業予算のなかにも織り込む必要がでてくる。

キャッシュフローマージン（CFM：Cash Flow Margin）

営業キャッシュフローがどの程度大きいのかを示す指標

$$CFM = \frac{営業キャッシュフロー}{売上高}$$

営業キャッシュフロー/営業利益比率
営業キャッシュフローと営業利益の割合を示す指標。

$$営業キャッシュフロー/営業利益比率 = \frac{営業キャッシュフロー}{営業利益}$$

立ち上げ当初の会社、あるいは、成長が著しい会社では、一般に

当該比率が小さくなる傾向がある。これは、損益計算書上の営業利益は、売上が計上されるごとに増えるのに対し、実際の売上代金の回収は事後になるためである。

また、業種によっては、先に営業資金が入って営業キャッシュフローが増加し、後で営業利益が追いついていく態様もあれば、その逆もあり得る。したがって、当該指標の分析においても、数期間での比較・分析が有効であり、通常に比べて異常な数値が出た場合には、注意が必要になる。

例えば、通常よりも数値が悪化した場合、それが一時的な売上の増加によるものなのか、あるいは売上債権の回収遅延や滞留在庫の増加によるものなのか等のチェックが必要である。

キャッシュフロー資本利益率（CFROA：Cash Flow Return On Assets）

投下資本に対し、どれだけのキャッシュフローを稼ぐことができたかを示す指標。

$$CFROA = \frac{営業キャッシュフロー}{投下資本}$$

チェンジ・エージェント（Change Agent）

組織変革の命を受け、組織変革のための計画をし、自ら実行をリードしていく責任を負った人。経営トップがその任にあたる場合もあれば、外部からチェンジエージェントとしてCEO、COO、CFO等の入替えを行う会社もある。勿論、会社内部の特定の部署や、新設の部署を設けて実行に移す場合もある。

管理可能費と管理不能費（Controllable Cost vs. Uncontrollable Cost）

コストをインプットの側面から捉え、コストの発生（インプット）を、一定の管理者、ないし、管理対象の部門や事業部によって管理できるものが、管理可能費であり、管理できないものが、管理不能費である。当然ながら、あるレベルの者には管理不能であっても、それより上位の者には管理可能な場合もあり得る。また、短期的に

は管理不能でも、長期的には管理可能なものもある。

　この分類は、部門や事業部の業績評価の際、あるいは、費用等の予算管理を実施する際によく使われる分類であり、管理可能なもののみをもって評価すべきであるという考えによるものである。なお、会社によっては、管理可能費と管理不能費を、個別費と共通費という表現で区分けする場合もある。

　なお、回避可能原価とか回避不能原価という用語があるが、これはあくまでも意思決定にあたって用いられる用語であり、主として業績評価や責任管理上で用いられる管理可能原価か管理不能原価かという区分けとは、似ているが非なるものである。回避可能かどうかというのは、今後の意思決定にあたって不可避的に生ずるのかどうかで原価を識別して、将来の意思決定にその原価を使うかどうかの区別をするための用語にすぎない。意思決定上は回避不能原価であっても、業績評価目的上は、管理可能原価に含まれるものもある。

コントローラー（Controller）

　いわゆる経理部長という概念に似ているが、同時に、内部管理・統制の監督者的部分を重視した役割を担っている。

　言い換えると、経理業務を指揮・監督するとともに、財務報告や経営報告にも精通している必要があると同時に、組織内の業務分掌や承認権限基準の設定といった内部統制システムの構築や、それらが定められたルール通りに運用されているかどうかをモニタリングする中心的な役割を担っている。

　したがって、コンプライアンス経営を実践する上で、法務部門との連携が非常に重要であるとともに、企業グループ全体でのキャッシュフロー経営を効率的・効果的に成し遂げるためには、財務部門との密接な連携が必要となってくる。

コストドライバー（Cost Driver）

　コストドライバーという言葉は、前述の「ABC（Activity Based Costing ： 活動基準原価計算）」により頻繁に使われだした用語であるが、コスト要因、ないし、原価作用因などと訳され、簡単に言うと「原価（コスト）を増減させる原因となる事象（数量、時間、大きさ等）」である。これを伝統的な原価計算の枠組み

の中に置き換えてみると、コストドライバーとは、いわゆる配賦基準ということになる。

　伝統的な原価計算のなかでは、間接費を製品別に配賦する際には、そのコストドライバーとして、製造機械の操業時間とか直接作業時間といった大きな枠組み（ある意味で大胆な方法）で捉え、これを以って全体の間接費を製品別に配賦する手順を取っている。他方、ABCでは、配賦方法をより具体化して、間接費の発生原因をまずアクティビティ別に分け、その上で、アクティビティ毎に集計されるコストの増減を左右するもの、すなわち、コストドライバーを定義したうえで、コストドライバー毎の配賦率を算定し、これに基づいて製品に配賦する方法を取る。例えば、検査に要する時間とか、検査の数といったような、原価発生額の増減に最も直接に関連する配賦基準を選定している。

損益分岐点分析（Cost-Volume-Profit Analysis, Break Even Point Analysis）

　一般的な、損益分岐点分析の図表と、そこで用いられる用語は、下記のとおりである。

　また、損益分岐点分析を使って、安全余裕率という指標も使われ

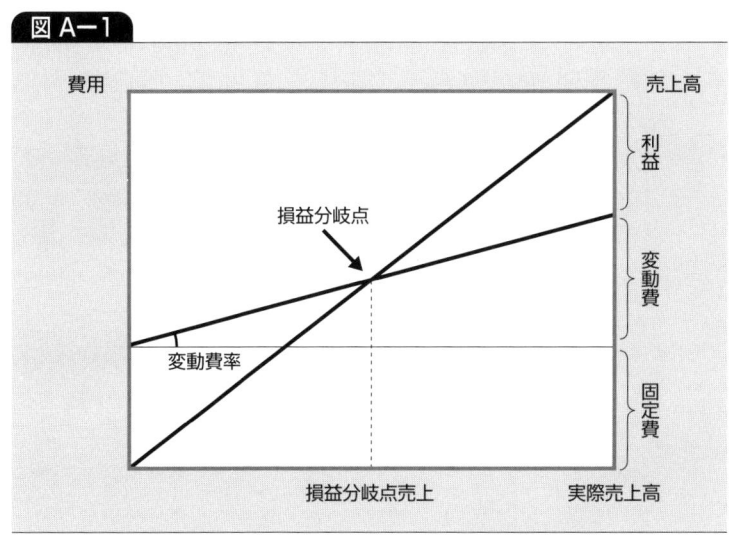

図 A-1

るが、これは下記のように求め、その値が大きいほど、会社の売上が損益分岐点を大きく上回っていることを意味するので、会社が損失に陥る危険がより少なく、経営が安定しているということを意味する。

$$安全余裕率 = \frac{売上高 - 損益分岐点売上高}{売上高}$$

在庫回転期間（DI：Days Inventory）

　DSOと同様、製品や商品等の棚卸資産が何日分保有されているかを表す指標である。この指標が高いということは、不良在庫や長期滞留在庫が保有されている可能性を示唆する。注意すべきは、この指標が低ければ低いほど好ましいということではなく、適正レベルを維持することが重要だということである。

　算定方法は、DSOと同様に主として2つの方法があり、算定の際に使用する数値としては、売上高よりも、売上原価を使用するのが一般的である。これにより、算定された日数がより現実的に把握・理解可能な数値となるからである。

債権回転期間（DSO：Days Sales Outstanding）

　何日分の売上に相当する債権が残っているかの指標、逆に言えば、債権の回収期間を表す指標。この指標が少ない程、売上債権の回収期間が短く、その分資本効率が高い、ないし、キャッシュフロー上優位であることを意味する。

　算定方法は、「資本回転率」で説明したが、より実務的には、主に以下の2つがある。

1）平均売上高法

　一定期間の売上高（直近の1年とか3ヶ月間の売上高）から一日あたりの売上高を算出し、これをもって債権残高を除し、債権残高が何日分の売上に相当するかを算定する方法。

2）スクロール・バック法

　債権残高をまず当月の売上から控除し、控除しきれなかった部分については前月の売上から控除し、さらに前々月から控除... といった具合に前に遡って行く方法。最終月では、当該最終月の日数で

按分する。

3）具体例

上記2つの方法による場合、DSOは以下のようになる。

(ケース) 12月31日現在の債権残高　　　1,000
　　　　 12月の売上高（31日分）　　　　600
　　　　 11月の売上高（30日分）　　　　300
　　　　 10月の売上高（31日分）　　　　300

平均売上高法の場合（直近の3ヶ月間の売上高を基礎とする場合）
1日あたりの売上高＝(600+300+300)/(31+30+31)＝13.0
DSO＝1,000(債権残高)/13.0(一日あたり売上高)＝76.9日

スクロール・バック法の場合
債権残高1,000＝12月売上600＋11月売上300＋10月売上の一部100
DSO＝12月分の31日＋11月分の30日＋10月分の一部(30日×100/300日)＝31＋30＋(30×100/300)＝31＋30＋9.9=70.9日

どちらの方法を採用するかは、会社のポリシーによるが、売上の月次での変動が多いような場合は、スクロール・バック法の方が実態を表すといえる。継続して同じ方法を採用することが重要である。

直接費と間接費（Direct Cost vs. Indirect Cost）

コストを、アウトプット（一般的には製品）との関連から分類するものであり、直接費とは、一定の製品の生成に関して直接的に認識できるものであり、できないものが間接費である。ある製品を製造する際に、その製造のために直接必要となる原材料費や、その製造に直接関与する人間の労務費、その他製造に直接賦課可能な経費が直接費であり、それ以外が間接費として定義される。

EBIT (Earnings Before Interest and Taxes)
EBITDA (Earnings Before Interest, Taxes, Depreciation and Amortization)

　EBITないしEBITDAという用語は、もともと設備投資や事業の経済性計算の際に使われるものであったが、日常の収益性分析にも使われている。すなわち、ある会社の損益計算は、本業からの損益のみならず、支払利息や税金費用、あるいは、減価償却費などの非資金関連費用の大小に左右されるが、これは、会社ごとの資金調達方法の違いとか、設備投資額の大小に依存する。したがって、そうした一定の経営環境の差異を排除した時に、果たしてどれほどの利益が計上されているかを測定するための指標である。

　一般的には、EBITおよびEBITDAは、以下のように算出される：

　　EBIT＝経常利益＋支払利息－受取利息
　　EBITDA＝EBIT(営業利益)＋減価償却費＋その他償却費

キャッシュフローと収益性分析

　キャッシュフローは、文字通り資金の流れを表すが、通常以下の3つのカテゴリーに分類される。

　・営業キャッシュフロー
　・投資キャッシュフロー

図A-2

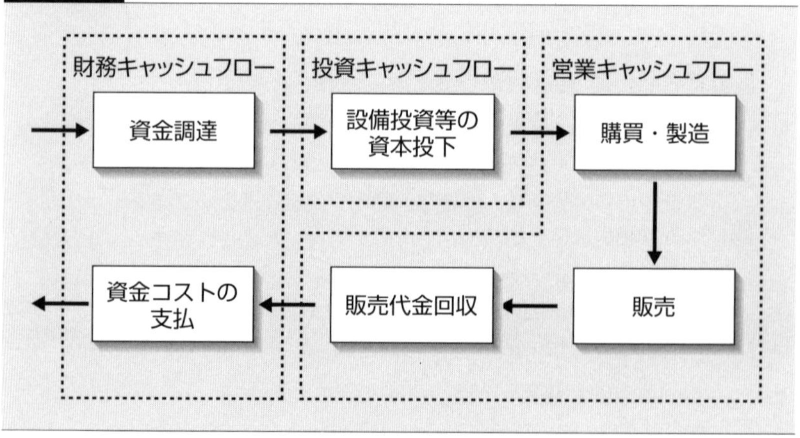

・財務キャッシュフロー

　会社経営の流れを大まかに図示すると図Ａ－2のようになるが、そこでは資金の入出金も同様に発生することになる。上記3つのカテゴリーは、一般的には図のように位置づけられる。
　こうしたキャッシュフロー・データを基に、下記のような分析が可能となる。

1株当たり利益（EPS ： Earnings Per Share）

　会社の株主にとって、自分の投資した会社がどれくらい収益をあげているかは最大の関心事である。収益性を図るうえで、EPSは非常に重要なKPIである。EPSは、下記の算式で求められる。

$$1株当たり利益(EPS) = \frac{当期利益}{発行済平均株式数}$$

（発行済平均株式数は、自己株式を控除した後のもの）

EVA® （Economic Value Added）

　アメリカのコンサルティング会社、スターンスチュアート社が、1990年代に開発した、業績評価の指標。
　企業は、使用総資本を有効活用することによって利益を生み出し、その使用総資本の調達に要した対価である資本コスト（配当、金利等）を支払うという活動を継続・反復して行っているが、この資本コストを上回る利益を創出した場合、企業には、残余利益が蓄積され、それが、企業の経済価値を高めることになると判断するものである。ユニークなのは、それまでは、企業評価や投資の経済性計算に使われていた資本コストという概念を、業績評価の指標の計算に取り入れたことにある。具体的には、下記の算式で算出される。

EVA＝税引後営業利益－資本コスト

　日本の企業においても、各社それぞれの工夫を加味して、このEVAに相当する指標を取り入れ、IR活動や、アナリスト向け情報に、当該指標の採用や当該指標の動向を開示していることは、この業績指標が一般に受け入れられていることの裏づけであると思われ

る。

参考のため、EVA向上のフレームワークは、下図のようになる。

図A-3

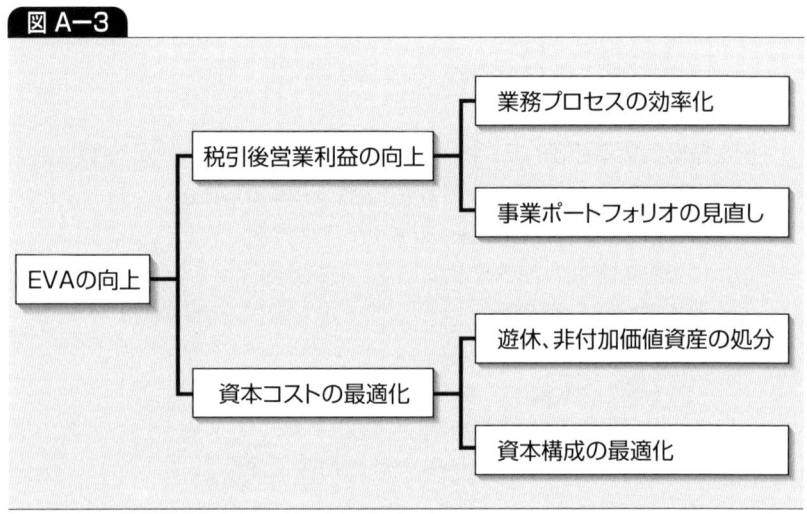

資本コスト

　資本コストとは、会社が負うべき調達資金に対する対価である。会社は、株式を発行したり、借入をしたりして、設備投資資金や運転資金を調達しているが、この調達に伴う対価が資本コストである。株主に対しては、配当の支払があるし、借入先には、金利を支払う必要がある。また、株主としては配当よりも、将来の株価の増加を

加重平均資本コスト = Re × (E/(D+E)) + Rd × (1-T) × (D/(D+E))

Re: 株主資本コスト率
Rd: 負債の平均約定利率
T: 実効税率
E: 株主資本時価
D: 負債時価

株主資本コスト率： Re = Rf + β × (Rm _ Rf) = Rf + β × Rp

Rf: リスクフリー・レート（リスクがゼロの時の期待収益率）
Rm: リスク資産（株式）の期待収益率
β: 特定企業株式の市場平均価格変動率との連動性
Rp: = Rm _ Rf （リスク・プレミアム）

見込んで、すなわちキャピタルゲインを見込んで、会社に投資しているとすれば、会社としては、株主が期待するキャピタルゲインを得られるように企業価値を増大させる必要がある。

　こうした調達資金に見合う対価を、一般に資本コストという。通常、資本コストは、前ページ囲み内のように算定される。

予定原価と標準原価（Estimated Cost vs. Standard Cost）

　予定原価は、「予定単価×実際数量」により計算され、標準原価は、「標準単価×標準数量」により計算される。

　月次決算などで在庫の評価を行う場合、厳密には、きちんと原価計算を行って実際単価を算定し、これに実際数量を乗じることで製品の評価をするべきであるが、これを毎月やっていたのでは、手間もかかるし時間もかかってしまう。

　これでは、スピードが重視される月次決算の目的がないがしろにされてしまうことになる。そこで、実務的には、在庫の受け入れと払い出しの単価については予定したものを使い、実際との差額（これを原価差額という）を、売った数量と在庫に残っている数量との比で按分し、損益計算書上の売上原価と貸借対照表上の棚卸資産に計上する。財務諸表の作成のために、主として使われる。

　標準原価は、おもに予算編成や予算統制目的に使われるが、戦略的な価格設定等の意思決定目的にも使われる。会社が売上原価予算を策定する際には、一定の正常な生産規模を前提に（異常事態を排除して）、コストが発生すると予想し、その前提の中で、材料費、労務費、経費、その他の設備経費を見積もり、同時に製造数量についても正常な範囲で見積もり、結果として、一個当たりの原価が見積もられることになる。この原価をもとに予算が作成されていくのである。さらに、一定期間が経過すると、実績が算定されるので、当初予定した単価と数量と比較し、単価に関する差異と数量に関する差異などに分解したうえで、分析が進められていく。

財務予算（Financial Budget）

　財務予算は、いわゆる貸借対照表とキャッシュフロー計算書に関わる予算であり、現金収支予算、資金調達予算、設備投資予算、ならびに、投融資予算などに展開される。

フリーキャッシュフロー（Free Cash Flow）

フリーキャッシュフローは、いつでも自由に使うことのできるキャッシュフローであり、借入金の返済や、配当金等の支払いなどに利用可能となるものである。

フリーキャッシュフロー＝営業キャッシュフロー－設備投資額

潜在株式調整後１株当たり利益（Fully Diluted Earning Per Share）

通常のEPSは、その算式上の分母に、発行済平均株式数が用いられるが、例えば、会社が転換社債を発行していたり、ストックオプションを発行していたりして、将来、経済合理的に株式に転換されると考えられる場合、仮にそれらが現実化すると発行済株式数が増加し（分母の数が増加し）、通常のEPSの算出結果よりも小さい１株当たりの利益になる（これを"希薄化"という）。これは、現時点での株主にとっては、重要な関心事である。

したがって、現在時点において、将来において株式に転換されると見込まれる潜在的株式数をも考慮してEPSを算出することが重要となり、この様にして算出されたEPSを、潜在株式調整後１株当たり利益という。

$$潜在株式調整後１株当たり利益 = \frac{調整後当期利益}{潜在株式考慮後平均株式数}$$

（当期利益には、実際に株式に転換された場合には、発生しなかったであろう費用税金が調整される）

ゴール・コングルエンス（Goal Congruence）

経営戦略の達成のためには、その達成のために具体化された経営課題と経営目標が、全組織中に統一された形で浸透されている必要がある。その場合、会社全体の目標とそれを実現につなげる個々人の目標が、首尾一貫したものでなければならない。例えば、会社全体の目標が、利益率の拡大にあるにもかかわらず、営業担当者に、売上拡大の指示のみがでていたとしたらどうなるであろうか。

担当者としては、売上拡大こそが唯一の目標であるとすれば、売

上拡大のためのコストには関心が及ばず、会社の目標である利益率は、逆に低下することになるかもしれない。目標を誤ったばかりに、折角の努力が報われないことになる。

また、会社の目標に向かって働くにはインセンティブが必要であり、管理者の役割は社員に会社の目標に向かって働くインセンティブを与えることが必要であるとともに、目標の達成度合いを公正に示す、報告ないしモニタリング・システムの充実も不可欠である。

差額収益と差額原価（Incremental Revenue vs. Incremental Cost）

差額収益と差額原価は、それぞれ別個に使われるものではなく、差額収益と差額原価の差額であるところの差額利益がより多いかより少ないかによって、経営上の意思決定を実行する際に使われる概念である。

差額収益は、ある代替案を選択しようとするときに、選択しない場合に比べてどれだけ収益が増減するかにより測定され、差額原価も、同様にどれだけ原価が増減するかによって測定される。差額収益と差額原価の差し引きが、差額利益として算出され、どのオプションを選択すれば、差額利益がもっとも大きくなるかで意思決定が実行されることになる。

業績指標（KPI：Key Performance Indicators）

会社の業績や収益性、ないし、会社経営の安定性や将来性を評価する際には、様々な指標が用いられる。また、社内における意思決定や予算設定の際にも、クリアすべきターゲット等として、様々な指標が用いられる。このように、特定の事象を評価・判断する際に用いられる指標を、一般にKPIと呼ぶ。

なお、同じ呼び名のKPIであればそれを算出する算式が全く同じであるということはなく、採用する会社や分析者の立場により異なることがよくあり、比較・分析の際には、注意を要するところである。また、KPIとしては、財務諸表等から算出される、いわゆる財務指標のみならず、例えば受注件数とか、マーケット・シェアといった、種々の非財務指標も多く使われている。

財務分析

財務分析の方法は、その目的とアプローチ方法により、多種多様にわたっている。また、分析する者の立場の違いによっても重視する分析指標やそうでもない指標がある。したがって、財務分析にあたっては、その目的を十分に確かめた上で実施する必要がある。

また、財務分析にあたっては、一定期日、あるいは、一定期間のみのデータ・数値それ自体を以って分析するというよりも、数期間での推移の検証、あるいは、競合他社との比較等によって有益なものとなる。

財務分析のなかで、実務上多く利用されるのが収益性分析と資産回転率分析であり、収益性の向上と資産回転率の向上は、キャッシュフローの増大にも寄与することとなる。

収益性分析

収益性分析は、会社の業績の良否を判断するものであり、主要なものが、資本利益率（ROA: Return on Assets）である。数式で表すと、

$$資本利益率 = \frac{利益}{投下資本}$$

この算式を見て分かるとおり、資本利益率とは、投下した資本から何％の利益が生み出されたかを示す指標であり、投資効率を表す。分母の投下資本は、株主から払い込まれた出資金や借入金などの、会社経営のための原資であるが、実務的には、貸借対照表上の純資産額が用いられたり、総資産額が用いられたりする。

算定にあたっては、通常、期首と期末の残高の平均額が用いられる。分子の数値としては、損益計算書上の最終利益である当期純利益の他、営業利益などが用いられる。これは、本来の営業活動に関係しない損益を排除し、本業からの利益率がどれくらいなのかを測定することを目的としているからである。

また、上記の算式は、下記のように展開され、それぞれの指標を向上させることで、資本利益率の向上が図られる。

$$資本利益率 = \frac{利益}{売上高} \times \frac{売上高}{投下資本}$$

言葉で表すと、
資本利益率＝損益計算書上の利益率×資本回転率
である。

経営管理システム（Management Control System）

　共通の経営目標の達成を可能にする管理システム。コントロールという言葉にもあるように、伝統的には、予算策定と予算による統制が主な要素である。

　ただし、昨今の経営状況においては、経営管理システムという場合、もっと積極的かつ能動的な意味合いを持って使われる。

　具体的には、経営目標の達成をサポートするための、有形・無形の組織プロセスそのものであったり、ノウハウの共有化を通じて組織の活性化を図るナレッジ・マネジメント・プロセスであったり、ITを活用することで必要な情報をタイムラグなく、全従業員同時に享受できる仕組みなどである。

経営計画（Management Planning）

　経営計画は、経営目標を実現させるための実行計画であり、一般的に長期経営計画、中期経営計画、短期経営計画に分類される。長期経営計画は、3年から5年の長期的視点に立った、経営戦略計画を数字に落とし込んだものであり、現実的な予算の積み上げということではなく、現時点での会社のあるべき方向、あるいは、望む方向を数字に具現化したものである。その上で、現状とのギャップを認識し、そのギャップを埋めるように、経営課題が具体化され、中期経営計画に反映される。

　中期経営計画は長期経営計画を受け、認識された個々の経営課題と実行計画について、誰が、どのように達成しようとするのかを、具体化したものである。例えば、売上計画や利益計画の策定からはじまり、それらを実現させるための、設備計画、人員計画、経費計画等に細分化されていく。したがって、中期経営計画は長期経営計画の実行計画という位置付けになる。

一方、短期経営計画は、現実的な数字が並べられるものであり、いわゆる年次予算である。対象期間は通常一年であり、年間計画を作成後、更に半期予算、四半期予算、そして、月次予算へと落とし込まれていったり、逆に、月次予算から、四半期、半期、年次へと積み上げを行い、最終的には年次予算の調整後に、再度、半期、四半期へと修正をかけていく場合もある。

　したがって、長期経営計画は、会社の理念や将来あるべき姿を描いたものであり、短期経営計画は、今年度の現実的な予想値を描いた単年度予算である。そして、中期経営計画は、長期経営計画と短期経営計画を橋渡しする予定表という位置づけになる。

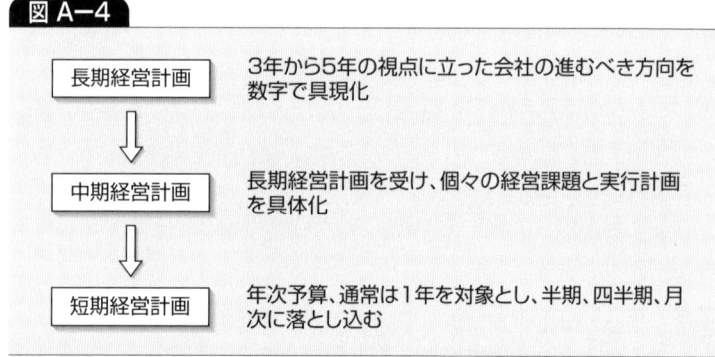

図A-4

限界利益と貢献利益（Marginal Contribution and Profit Contribution ）

　原価（コスト）を、「変動費と固定費」、「直接費と間接費」、そして、「管理可能費と管理不能費」の３分類を用いると、下記のような種々の利益概念が算出される。

　限界利益は、売上高から変動費のみを控除して求められる。そして、ここで算出された限界利益の多寡により、固定費全体を回収することができるかどうかを検証・判断することになる。限界利益額と固定費が一致するところでの売上高が、損益分岐点売上高と呼ばれる。すなわち、損益分岐点売上高を超える売上高が達成されれば、最終的な利益が計上されることになり、そうでなければ、会社としては損失になる。貢献利益は、主として業績評価のために使われる利益概念であり、上記の限界利益から、評価対象となる管理者、な

```
      売　　上　　高
    －直 接 変 動 原 価
    製 造 限 界 利 益　（注1）
    －間 接 変 動 原 価
    限　界　利　益
    －管理可能固定費　（注2）
    貢　献　利　益
    －管理不能固定費　（注3）
    純　　利　　益
```

（注1）販売費等のいわゆる、財務諸表上の、一般管理費及び販売費に含まれるもののうち、売上の増減に応じて変動する間接費が含まれる。
（注2）評価される管理者、ないし、評価対象の部署や事業部にとって、管理可能なもの、ないし、個別に識別されるべきもののみが、ここでの対象となる。
（注3）一般には、本社共通費などの、評価対象者には管理できない費用が対象となる。

いし、部署や部門にとって管理可能な固定費（裏返せば管理すべき固定費）を控除して求められる。したがって、貢献利益を算出するためには、当然に、部門別や事業部別の損益（究極的には個人別の損益）が、正確に算定できる管理会計システムが整備されている必要がある。

総合予算（Master Budget）

予算はその予算策定単位での目標を集約したものであり、もっとも正式な予想とも言え、会社経営の道標となる。また、実績と比較することにより、現場へのフィードバックや方針の変更といった次のアクションに繋げられてこそ意味が出てくるものである。予算には、多種多様なものがあり、また、会社によって呼び方はまちまちであるが、一般的には、会社全体としてまとめあげられた予算は、予算貸借対照表、予算損益計算書、そして、予算キャッシュフロー計算書に集約され、これを総合予算という。そして、総合予算には、大きく分けて、事業予算と財務予算から成っている。

事業予算（Operating Budget）

事業予算は、いわゆる損益計算書に関わる予算であり、売上高、粗利、費用の予算がもっとも重要なものである。通常、部門や事業部など、管理責任のある単位ごとに、かつ、月次ごとに作成される。

オペレーティング・レバレッジ（Operating Leverage）

変動費に対する固定費の割合の大小により、オペレーティング・レバレッジが高い、ないし、低いと言い表すことができる。変動費に比べて固定費の割合が高い程、オペレーティング・レバレッジが高いといわれる。一般的に設備投資率が高い程、変動費が抑えられるので（例えば、機械を導入することで固定費が増加する分、直接労務費等の変動費が減少する）、そうでない場合に比べて、同じ売上高の増加に対してより多くの利益が計上されることになる。

たとえば、下記の例にあるように、A社（固定費が少なく、変動費率が高い）とB社（固定費が多く、変動比率が低い）のコスト構造が図のように表せたとする。また、仮に現時点での損益分岐点売上高が同じだったとする。ここで、両社とも販売努力が実って、同じだけ売上高が増えたとすると、どちらの会社がより利益が増えるであろうか。下図から直感的に分かるとおり、B社の方が、同じ売上高の増加にも関わらず、利益の増加が大きいので、オペレーティング・レバレッジが効いている（ないし、高い）と言われる。ただし、逆の場合も同様で、売上が減少した場合には、より利益が減少するということになる。

図A-5

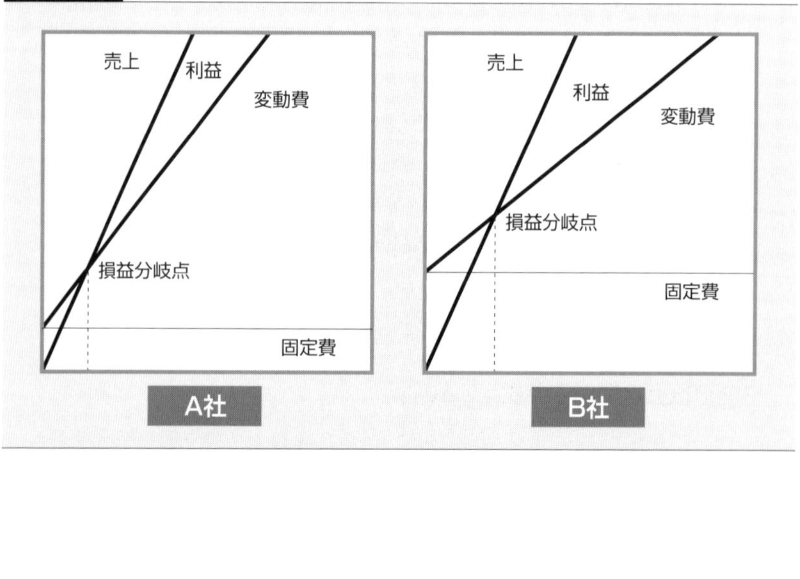

損益計算書上の利益率 (Profitability Ratios)

　損益計算書から算定される利益率。売上高に対して、どれくらいの利益が発生しているかを算定する際に用いられる。具体的には、下記のような指標がある。

$$売上総利益率 = \frac{売上総利益}{売上}$$

　売上総利益は、売上高から売上原価を差し引いた利益で、いわば粗利である。

$$売上利益率 = \frac{営業利益}{売上}$$

　営業利益は、売上総利益から販売活動等にかかわる販売費や経理・人事部等の本社管理費用を差し引いた利益で、いわば会社全体としての営業活動から生じた利益である。

$$経常利益率 = \frac{経常利益}{売上}$$

　経常利益は、営業利益に資金運用等の投融資活動からの損益や、資金調達（株式や借入など）等からの損益（金融費用）、その他為替差損益や本業に関係のない損益を加味した利益である。

$$当期利益率 = \frac{当期純利益}{売上}$$

　当期純利益は、経常利益に固定資産の売却損益や前期損益修正等の特別損益項目を加味し、さらに税金費用を差し引いた後の利益であり、いわば会社全体の最終利益である。

関連原価と非関連原価 (Relevant Cost vs. Irrelevant Cost)

　あるオプションを選択しようとするときに、発生ないし増減する原価を関連原価といい、逆に、どのオプションを選択しようとも、その意思決定に関係なく発生する原価を非関連原価という。したがって、サンクコストは、非関連原価である。

適格レンジ（Relevant Range）

　固定費というのは、ある一定の活動量、ないし、ある一定の条件の下では一定ではあるけれども、その一定活動量や条件を下回ったり、上回ったりするときには変動するものである。そうした場合、実務的には、固定費としていったいどれくらいを予定すればいいのかについて定まらない場合がある。

　しかし、そもそも固定費は、ある一定の条件下では固定していると想定しているのであるから、通常予定される適格レンジ内での発生額によって見積もるべきだとする考え方である。適格レンジとは、通常予定されている業務量や作業量の範囲のことをいう。

　例えば、ある固定費について予算設定をする場合、その固定費の発生態様が、作業時間でゼロから1,000時間までは500万円、1,000時間から5,000時間までが1,000万円、5,000時間を超えると1,200万円で固定されているとする。この場合、景気の停滞や販売不振で、作業時間が1,000時間未満に落ち込むことはあるかもしれないが、通常予定しているところでは、大体、2,000時間から多くても4,000時間であり、1,000時間未満ないし5,000時間を越える作業量が発生するのが異常であるので、1,000万円が固定費として設定される。

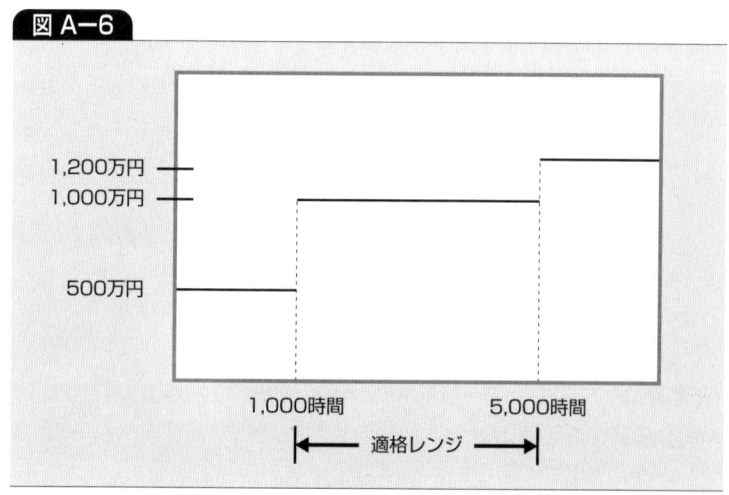

図 A-6

経営戦略計画（Strategic Plan）

　経営戦略は、長期的な視点から会社の方向性を正式に表明したものであり、会社の資源（人材、製品等のプロダクツ、情報システムを含む組織のプロセス、ブランド等）、競合の動向、マーケットの現状や展望等が示される。

　経営戦略計画の策定にあたっては、内部環境・資源の強みや弱点及び外部環境における機会や脅威等を分析した後、通常、以下のプロセスで進められる。

　１．経営理念とビジョンの設定
　２．経営目標の設定
　３．実行計画（経営計画）の設定

　重要なのは、実行計画をどこまで具体化できるかであり、かつ、それらを会社のすべての従業員に浸透させることを可能にするものでなければならない。これにより、実行計画の現実的な遂行を可能なものとし、その後の、モニタリング・プロセス（計画と実際の差異分析や、計画の修正等）を効果あるものにする。

トレジャラー（Treasurer）

　いわゆる財務部長の概念である。資金の調達と運用の効率化を図り、資金コストの削減と運用収益の極大化を主たる任務としている。また、昨今における連結経営の重要性が強調されるなかで、グループ全体での資金管理を集約化し、借入金の圧縮や、資金にかかるコスト削減を図る、キャッシュ・マネジメント・システム（CMS）の中心的担い手となる。

　必要な資金を、直接、市場から調達するのか、銀行等からの借入にするのかの意思決定を行うとともに、資金を安く調達し、ないし、余剰資金をタイムリーに吸い上げ、それを高い収益性のある事業に運用することを管理・監督する重要な役割を担っている。

資本回転率（Turnover）

　資本回転率（＝売上高／投下資本）は、投下資本に対する売上の倍率を表し、言い換えれば資本の活用度合いを表す。例えば、総資本が100で、売上高が200の場合、回転率は"2回"となる（総

資本が2回転したことを意味する)。他方、総資本が同様に100で、売上高が100の場合、回転率は"1回"となり、前者の方が、後者の場合よりも2倍資本が有効利用されているということになる。

実務的には、この資本回転率を経営効率の測定のための直接の指標として使うというよりも、総資本額を、売上債権や棚卸資産、あるいは、固定資産の金額に置き換えて、資本効率を向上させるための具体的な行動に移せるように使われている。さらに、回転倍率を算定するというよりも、分母と分子を置き換え、回転期間として算定し、各資産残高が何日分の売上に相当するかを求めるケースが多いようである。

例えば、売上債権残高が100で、年間売上高が1,000だったとする。この場合、回転率として求めた場合と回転期間として求めた場合とでは、それらの値は以下のようになる：

$$売上債権の回転率 = \frac{売上高}{債権残高} = \frac{1,000}{100} = 10回$$

$$売上債権の回転期間 = \frac{債権残高}{売上高} = \frac{100}{1,000} \times 356日 = 36.5日$$

回転率として求めた場合、資本効率を高めるには、その値をどれだけ高めるかということになるが、これをどこまで高めるべきなのか、あるいは、現状の値が低すぎるものなのか正常なのかという判断においては、客観性に欠け具体的行動に移すのが困難である。

一方、回転期間として求めた場合、資本効率を高めるには、その値をどれだけ低くするかと言うことになる。この場合、現状の債権回収期間の標準日数に比べて高いのか低いのかを一目で比較でき、また、目標とする資本利益率を達成するためには、当該回転期間を何日までに低下させなければならないかといった具体的な指標としても用いることができる利点がある。

変動費と固定費（Variable Cost vs. Fixed Cost）

コスト（インプット）を、アウトプット（一般的には、売上高）の増減との関連から分類するものであり、変動費とは、売上高の増減に応じて比例的に増減する原価をいい、固定費とは、売上高の増

減にかかわらず変化しない原価をいう。また、アウトプットが一定のレベルまでは発生するコストが固定しているが、その一定レベルを超えると増減し次のレベルまで固定的に発生する原価を準固定費といい（例えば管理者等の給与等）、アウトプットがゼロの場合でも一定額が発生し、アウトプットの増加に応じて比例的に増加する原価を、準変動費という（例えば、電力料や水道料等）。実務的には、準固定費は固定費として、準変動費は変動費として扱われる。変動費と固定費の分類は、実務上もっとも基本的な分類であり、経営戦略、特に、販売戦略策定時の種々の意思決定やシミュレーションに利用される。一般的に馴染まれているのは、損益分岐点分析や限界利益を算出する直接原価計算である。また、以下の「直接費と間接費」と「管理可能費と管理不能費」の分類と組み合わせることにより、更なる分析を可能にしたり、業績管理ツールとして役立てられたりしている。

具体的には、直接費と間接費との分類を実施することで、直接原価計算をより精緻化して、細かな原価データや利益データの算出を実施したり、管理可能費と管理不能費との分類を追加することにより、貢献利益という概念の利益を算出して、業績評価に用いられたりしている。

バーチャルクローズ（Virtual Close）

財務情報はタイムリーな程価値があり、スピードを求める企業にとっては、見たい時にみたい財務数値を見れるようにしたいというのは永遠の課題である。クイック・クロージング（Quick Closing）や、ファスト・クロージング（Fast Closing）といういわば月次決算の早期化の推進は、今や欧米企業ではあたり前であるが、バーチャルクロージングは、それに加えて、イントラネットやIT技術を駆使することにより、瞬時に財務データを、ワールドワイドで共有化することが現実化されたものである。

極端に言えば、一時間で帳簿を締め、必要な財務情報が必要とする管理者等にITネットワークを通じて共有化できる経理システムのことである。これにより、会社全体で、同時に、ビジネスチャンスや問題点等をタイムリーに把握できることがメリットである。

エピローグ

　私のビジネス人生には、M＆Aがついて回っているようだ。
　1985年から1992年にかけてアメリカで会計士業務に携わっていたときは、ちょうど日本のバブル期で日本企業がアメリカの会社を盛んに買収していた。買収対象会社の内容を調査するデューディリジェンス・レビューを実施する機会が数多くあった。買収する側のアドバイザーである。
　また、たまたま日本企業に買収されるアメリカの会社に私の勤務する会計事務所が関与していたため、買収される側のアメリカの会社のアドバイザー役も経験した。
　その後、ペプシコーラに入社して日本に帰国してからは、当時、フランチャイズボトラーを買収する局面を迎えており、買収する側のアドバイザーではなく当事者となる経験をした。そして、1998年初頭、ペプシビジネスをサントリーに営業譲渡するときには、買収される側の当事者を初めて経験した。
　シスコは数多くの買収で有名だが、オペレーションの買収というよりテクノロジーの獲得を目的とした買収が多かった。だが、意外なことにシスコ勤務時には私自身はM＆Aに直接関わることはなかった。
　本書を執筆している2003年4月現在、投資ファンドのリップルウッドが投資しているディーアンドエムホールディングズのCFOとして「ビルドアップ」を実施している。中核ではないビジネスをMBO等の手法で切り離し、財務基盤を固め、同時にアメリカの会社を買収して企業の姿を大きく変えている。成熟市場を相手にしたオーディオブランドをハイテク企業の事業と融合させて、先端企業として再生させる試みはまだ緒についたばかりだ。

M&Aは何度経験しても、不安と期待が入り混じる。ダイナミズムがある一方で、買収後には地道な経営改善を進めていく必要がある。経営陣に焦りは禁物。常に粘り強く事に当たることを自分に言い聞かせている。

　本書を書き始めたのは2002年8月である。私がちょうどディーアンドエムに入社した頃だ。週末に書き足していき、約10カ月経った。最近は、仕事がますます忙しくなり筆が進まず、ようやく刊行の運びとなったことにほっとしている。

　執筆にあたっては、フリー編集者の尾崎泉氏に最初から最後まで全面的にご指導いただいた。日経BP社の黒沢正俊氏には書き上げる最後のところで、ずいぶん助けていただいた。付録の管理会計用語集は、ペプシ時代に一緒に仕事をした日本、米国公認会計士の宇梶正人氏に書いていただいた。末筆になるが、心より感謝する。

　　　2003年4月　　　　　　　　　　　　　　本多　慶行

【著者略歴】
本多　慶行（ほんだ・よしゆき）
1956年東京都生まれ。78年早稲田大学政経学部卒業。80年クーパースアンドライブランド（現PwC）東京事務所に入所。85年同シカゴ事務所勤務。90年シカゴ大学経営大学院卒業（MBA）。91年同事務所中西部地区日本企業担当ディレクター就任。92年ペプシコ・インク入社、ニューヨーク本社ビジネスプランニング勤務。93年日本ペプシコーラ社経営企画部長、95年財務本部本部長。98年シスコシステムズ財務本部本部長、執行役員就任。99年取締役管理本部長。2002年ディーアンドエムホールディングスCFO。公認会計士・米国公認会計士

日経ＢＰ実戦ＭＢＡ⑤
ＭＢＡ管理会計

2003年5月26日　第1版第1刷

著　者　本多慶行
発行者　岡村　久
発行所　日経ＢＰ社
発　売　日経ＢＰ出版センター
　　　　〒102-8622 東京都千代田区平河町2－7－6
　　　　電話　03-3221-4640（編集）
　　　　　　　03-3238-7200（営業）
　　　　http://store.nikkeibp.co.jp/

装　丁　岩瀬　聡
編集協力　尾崎　泉
DTP　朝日メディアインターナショナル株式会社
印刷・製本　株式会社廣済堂

本書の無断複写複製（コピー）は、特定の場合を除き、著作者・出版者の権利侵害になります。
Printed in Japan©Yoshiyuki Honda　　　　ISBN4-8222-4320-6

● 既刊案内

日経BP実戦MBAシリーズ①
MBAマーケティング
平久保仲人著　本体2400円+税

ニューヨーク市立大教授のMBA講義録。マーケティングを企業活動の本質から説き起こす。

基礎編　マーケティングの本質を理解するために
戦略編　状況を正確に見極める技術を養う
実戦編　顧客の信頼から長寿ブランドを創る

日経BP実戦MBAシリーズ③
MBA財務会計
金子智朗著　本体2400円+税

複雑な制度会計を思い切って論理で解いた画期的なロジカル・アカウンティング読本。

原則編
個別取引編
会計ビッグバン編
分析編

日経BP実戦MBAシリーズ②
MBAバリュエーション
森生明著　本体2400円+税

投資銀行の経験を元に、MBAでは教えてくれない企業価値算定のシンプルで深いメソッドを伝授。増刷出来。

基礎編　道具の理解——経営のグローバル共通言語
実務応用編　株価算定とM&Aの実務

日経BP実戦MBAシリーズ④
MBA訴訟戦略
松山遙著　本体2400円+税

民事訴訟を判断科学の観点を入れて論理的に解説。競争優位を維持するための訴訟解説。

総論　民事訴訟の実務と戦略——法的リスク管理の勧め
各論　保全手続から強制執行手続まで